니체의
인생 수업

_____ 님의 소중한 미래를 위해
이 책을 드립니다.

살아갈 힘을 주는 니체 아포리즘

니체의
인생 수업

프리드리히 니체 지음 | 강현규 엮음 | 김현희 옮김

메이트북스

메이트북스 우리는 책이 독자를 위한 것임을 잊지 않는다.
우리는 독자의 꿈을 사랑하고,
그 꿈이 실현될 수 있는 도구를 세상에 내놓는다.

니체의 인생 수업

초판 1쇄 발행 2024년 7월 5일 ┃ 초판 2쇄 발행 2024년 7월 10일
지은이 프리드리히 니체 ┃ 엮은이 강현규 ┃ 옮긴이 김현희
펴낸곳 (주)원앤원콘텐츠그룹 ┃ 펴낸이 강현규·정영훈
편집 안정연·신주식·이지은 ┃ 디자인 최선희
마케팅 김형진·이선미·정채훈 ┃ 경영지원 최향숙
등록번호 제301-2006-001호 ┃ 등록일자 2013년 5월 24일
주소 04607 서울시 중구 다산로 139 랜더스빌딩 5층 ┃ 전화 (02)2234-7117
팩스 (02)2234-1086 ┃ 홈페이지 matebooks.co.kr ┃ 이메일 khg0109@hanmail.net
값 15,000원 ┃ ISBN 979-11-6002-435-7 03100

살 이유가 있는 사람은
거의 어떠한 고통도 참을 수 있다.

• 프리드리히 니체 •

고단한 삶에 지친다면
니체를 읽자!

최근 들어 한국 사회에 쇼펜하우어 열풍과 더불어 니체 열풍이 그치지 않고 여전히 거세게 불고 있다. 과연 독일 철학자 니체의 어떤 메시지가 고단한 한국인들의 마음을 뒤흔드는 걸까?

한마디로 정리하자면, 채우기보다는 비워내 나 자신을 찾아 삶의 위기를 의연하게 이겨내길 당부하는 니체 특유의 디톡스 철학, 생(生) 철학이 고된 우리의 현실을 이겨내고 다시 살아갈 힘을 주기 때문일 것이다. 니체는 인간의 삶에서 고통은 오히려 필수적인 것이라 말하며 나답게 의연하게 살아갈 것을, 그리하여 비교하는 삶과 과시하는 삶, 허영심 가득한 삶에서 벗어날 것을 당부한다.

종교, 철학, 도덕 등 하나의 사안에 매몰되어 사고의 유연화를 잃어버리는 것을 질병으로 간주한 니체는 '신은 죽었다' 등 특유의 급진적인 사상으로 현대 철학의 근간을 마련했고, 음악을 비롯한 다양한 분야에도 많은 영향을 미친 실존주의 철학자이자 문헌학자이다.

니체의 사상은 워낙 스펙트럼이 넓어 보는 사람의 시각에 따라 다양하게 해석된다. 특히 자신의 철학적 사상들을 풀어나가는 압축적이고 강렬한 글쓰기 방식은 논리적이라기보다는 문학적인 인상이 강해 다른 철학자들의 무미건조하고 난해한 저서에 비해 일반인도 접근하기가 비교적 쉬운 편이다.

니체는 바그너와 쇼펜하우어의 영향, 그리고 이들과의 정신적인 결별을 통해 특유의 철학 세계를 구축하면서 독창적인 문장가이자 진정한 사상가로 거듭났다. 그는 인간의 내면에는 신을 고양하고 강화하려는 의지가 존재하며, 현재의 삶에 만족하지 않고 변화하려는 내면의 소리에 귀를 기울여야 한다고 했다. 그렇지 않으면 병에 걸리거나 지금의 삶에 대한 권태와 허무에 빠지게 된다고 보았다.

이처럼 현재에 안주하지 않고 내면에 존재하는 힘의 의지가 명하는 대로 현재를 뛰어넘어 자유로운 사고와 끊임없는 변화를 갈구하는 니체의 사상에서 오늘날 평범한 시민들은 자신들이 마주한

노곤하고 힘든 삶에도 진취적이고 미래 지향적이며 긍정적인 의미를 찾는지도 모른다.

이 책은 니체의 중기 이후의 글들을 묶은 편역서이다. 니체의 대표적인 저작으로 꼽히며 세계인들에게 큰 사랑을 받은 『인간적인 너무나 인간적인Menschliches, Allzumenschliches(1978)』『여러 의견들과 잠언들Miscellaneous Maxims And Opinions(1879)』『방랑자와 그의 그림자(1880)』『아침놀Morgenrothe(1881)』『즐거운 지식Die fröhliche Wissenschaft(1882)』『선악의 저편Jenseits von Gut und Böse(1886)』에서 현대인들의 삶에 크게 도움이 될 만한 내용들을 엄선했다.

이 편역서를 통해 아무쪼록 니체 인생 철학의 정수를 만끽하길 바란다. 니체의 저작을 완독하는 것이 가장 좋겠지만, 니체를 알아가고자 니체의 저작 전부를 읽어내기란 사실 만만치 않다. 아무리 니체가 다른 철학자들에 비해 상대적으로 덜 어렵다고 한들 니체의 철학은 여전히 어렵고, 그만큼 일반인들이 니체의 저작을 직접 다 읽기에는 다소 어려움이 따른다. 게다가 명확한 목차 자체가 없는 니체 특유의 잠언 스타일 집필방식도 독자의 집중을 방해한다. 이 편역서에서는 6장 체제 목차를 완전히 새롭게 구성하고, 원서에는 없던 칼럼 제목들을 일일이 새롭게 달았음을 밝힌다.

엮은이의 말

아무쪼록 이 책을 통해 니체의 철학적 사상을 알아가고, 끊임없이 자기 내면에서 울리는 소리에 귀를 기울이고 발전적인 사고를 할 수 있기를 바란다. 그리하여 남과 비교하며 위축되지 않고, 걱정과 고통에 무너지지 않고, 세상에서 단 하나뿐인 나로 씩씩하게 살아가길 바란다! 니체를 알기 전의 당신과 니체를 안 후의 삶은 아마도 크게 달라져 있을 것이다!

차례

엮은이의 말 _고단한 삶에 지친다면 니체를 읽자! 6

1장 ◁═══════▷

내 삶의 방향을
제대로 찾기 위한
인생 수업

자연의 모습에서 자신의 닮은 꼴을 발견하라 21
여행을 했다는 사실조차 알아차리지 못하는 우리 22
차라리 침묵하는 사람들을 본 적이 없는가 23
경험의 원천이 되는 자기 자신에게 헌신하라 24
사물들을 제대로 파악하려면 멀리 거리를 두고 봐라 26
앞으로도 네가 가는 길은 더 고독하고 험난할 거야 27
오로지 느긋하고 즐겁게 자신과 대화를 나눌 뿐이다 28
많은 사람 틈바구니에 끼어 그 사람들처럼 살지 말자 29
우리의 인생에서 가장 좋은 것은 깊은 고요다 30
다른 사람과 함께 합창하려 해서는 안 된다 32
남을 뒤따르는 것도 싫고, 남을 이끄는 것도 싫다 33
무리에 속하려는 군중 본능에서 벗어나라 34
고독을 견디는 법을 가르치는 사회여야 한다 35
저녁의 고즈넉함과 일몰의 고요함을 사랑하라 36
뭔가를 체험하는 동안에는 오직 거기에만 집중하라 37
지혜를 얻고 싶다면 반드시 직접 체험해야 한다 38
무언가를 포기하는 단련을 매일 꾸준히 하라 39
무언가를 받아들이는 데 충분한 시간을 가져라 40
정신이 빈곤한데도 만족하며 살아가는 사람들 41
오래 지속되는 인식의 상태를 휴식처럼 겪어보라 42
내가 하는 일의 목적을 논할 시간을 반드시 가져라 44
자기 자신을 제대로 알지 못하는 사람이 되지 마라 45
사소한 습관들부터 고쳐야 인생이 달라진다 46
자기 이익을 위해 했던 일로 자랑스러워하지 마라 48
스승과 인도자를 대충 찾으면 나중에 대가를 치른다 49
연극에서 비극과 희극을 찾듯 세상을 보는 눈을 떠라 50
나는 내가 어디서 왔는지 아는 불꽃 같은 존재다 51
비참한 세상을 동정하지 말고 오직 순수하라 52
남에게 책임을 떠넘기는 한, 그는 폭도에 속한다 53
자신의 무지를 숨기고자 거만하게 행세하지 마라 54
급한 성질, 짜증과 복수 욕구, 욕망을 극복하라 55
내가 어떤 단계에 살고 있는지 자각해야 한다 56

'공동'이라 불리는 것들은 항상 별 가치가 없다 57
자기 행동을 숙고하는 법을 단련해야 한다 58
선행은 세상에 알려지면 순수한 쾌감이 사라진다 59
사람에게 매달리지 말고, 자신의 덕목을 지켜라 60
내면의 흐름인 밀물과 썰물을 잘 이용해야 한다 63
다른 사람의 괴로움 때문에 내가 침울해지지 않게 64
한 사람의 위대함이란 방향을 제시하는 것이다 65
관례적인 의견의 노예가 되기를 거부하라 66
다른 사람의 갈채나 박수를 필요로 하지 마라 67
나에 대한 남들의 말들을 모두 신경 쓰면 파멸한다 68
자신만의 호수 속으로 뛰어들어가 쾌활함을 얻자 69
가장 극복하기가 어려운 것이 내 안의 허영심이다 70
명성과 칭찬에 민감해지는 허영심을 제발 버려라 71
왜 당신은 스스로 기만하는 데 주저하지 않는가 72
어설프게 아는 사람과 잘 아는 사람의 차이점 73

2장

**내가 원하는
나로 살기 위한
인생 수업**

순종에 집착하는 사람은 지식의 제자가 될 수 없다 79
대중은 밑바닥을 못 보기에 깊다고 두려워한다 80
오래된 '신념'이 아닌 자기 의견을 건져라 81
다른 사람이 지닌 미덕에 지나치게 감탄하지 마라 82
햇불을 손에 들고 불시에 내 모습을 들여다봐라 83
자신을 잃어보는 것도 나를 발견하는 방법이다 84
시장 사람들이 말하는 것은 과거의 의견일 뿐이다 85
타인의 가치 평가를 내 것인 양 도용하지 마라 86
위대함과 평온함과 햇빛에는 모든 것이 담겨 있다 88
내면의 움직임은 자연스럽게 일어나야 한다 89
내 한계선 안의 기준으로 세상을 평가하지 마라 90
사고의 영역은 피상적인 자기만족의 영역이다 92
모험가이고 철새인 우리는 대양으로 모험을 떠난다 94
성급함이라는 결함은 천재를 길러내는 학교가 된다 95
숨기고 있던 제1의 천성을 어느 날 불러내야 한다 96
그저 지하에 웅크리고 있는 사람들은 사랑스럽다 97
미래에 대한 무지, 미래를 모르는 것을 사랑하라 98
거대한 우주를 보듯이 자신의 내부를 들여다보자 99
홀로 서서 나답게 사는 것이 진정한 위대함이다 100
그가 나를 칭찬했으니 내가 옳다고 생각하지 마라 101
가장 위대한 사상이 가장 위대한 사건을 만든다 102

Nietzsche

대중과 함께하는 사람은 언젠가는 대중의 적이 된다 103

대중을 움직이려는 사람은 배우 행세를 하며 산다 104

내가 내 족쇄를 없애고자 하면 사람들은 그걸 비웃는다 105

하루밖에 못 산다는 걱정이 훌훌 나는 나비에겐 없다 106

불쌍한 대장을 따라가는 불쌍한 양이 되지 마라 107

어려서도 커서도 사람들은 자신에 대해 편파적이다 108

우월하고 뛰어난 사람은 평범함이라는 가면을 쓴다 109

여론이라는 옷을 걸치고서야 무엇이 되는 사람들 110

나의 본질이야말로 내 생각과 판단의 원인이다 111

독립적인 존재로 나아가는 새로운 발걸음을 떼라 112

한번 어떤 인상을 받으면 여기에 몰입하는 사람들 113

높은 수준의 교양을 쌓을수록 모든 것이 흥미롭게 보인다 114

나는 사자와 독수리를 곁에 두고 싶다 115

우리가 할 수 있는 최선은 스스로 주인이 되는 것이다 116

자신의 이상을 부정함으로써 최고의 경지에 이르기도 한다 118

걸어가는 나그네여, 심연 아래서 뭘 찾았는가? 119

살고 있는 현재의 시대에서 한 번쯤 멀리 떨어져보자 120

삶의 다양한 상황에서 들리는 낮은 목소리에 귀를 기울여라 121

위엄은 많은 사람들이 자신을 위장하는 방식일 뿐이다 122

본성이 강한 사람과 본성이 나약한 사람의 차이 123

나에 대한 잘못된 생각을 바로잡으려 하지 않는 이유 124

인생의 위험한 순간을 이용해 진리에 눈을 떠라 125

견뎌야 할 위험이 많은 곳에서 오히려 편안함을 느끼다 126

다른 사람들 틈에 끼어 다른 사람을 위해 살지 마라 127

3장

삶의 짐을
가볍게 하기 위한
인생 수업

삶의 모든 과정을 이상화하면 삶의 짐이 가벼워진다 133

당신 자신에 대해 감탄하고, 이 골목에서 사시오 134

새로운 삶을 살기 위한 두 가지 원칙 135

우리는 꽃, 잔디와 나비를 좀 더 가까이해야 한다 136

곤경에 처했을 때야 어떤 개인의 필요성을 실감한다 137

그에게 행복에 이르는 길을 제시하지 마라 138

이 세 사람과 단 한 번이라도 달랐던 적이 있는가 139

마주 오는 바람에 맞선 후에야 알게 되는 것들 140

나는 나만을 위한 태양을 만들고 싶어 141

지금 내가 행하는 것 또는 그만둔 것의 놀라운 가치 142

나 자신을 더는 부끄러워하지 않는다 143

인간들이 뜨고 질 때의 모습은 해처럼 아름답지 않을까 144

Nietzsche

어떤 잠이든 제때 자는 게 지혜의 정수이다 145
짊어진 인생의 짐이 무겁다면 오히려 그 짐을 더 늘려라 146
나의 고통을 일컬어 '개'라고 부르는 이유 147
아무것도 생각하지 않는 도덕을 나는 사랑한다 148
우리의 행위는 포기해야 할 것을 결정한다 149
모든 것을 빼앗기고 나서야 나의 고유한 것을 알게 된다 150
소망은 뭔가 쾌유되고 있으며 나아지고 있다는 징후다 151
고통 속에서도 많은 지혜가 담겨 있다 152
원하는 내 모습을 생각하면 그 모습이 너 자신이 된다 154
아프고 나서야 얻게 된 삶의 여유와 지혜 155
큰 고통에 직면해서도 무너지지 않아야 한다 156
발달한 문화권에 산다고 해서 더 행복해지는 건 아니다 157
우리가 지닌 위대함은 끊임없이 조금씩 부서진다 158
고통을 견디려는 의지가 삶의 기쁨을 부른다 160
소나무와 전나무는 조금도 초조해하지 않는다 161
난데없이 맑게 비치는 2월의 어느 날 사랑의 햇살 162
진기한 것을 위해 살기에는 삶이 너무 짧다 163
너무 비좁은 욕망의 토대 위에 인생을 세우지 마라 164
불운이 가져오는 장점을 깨닫게 될 때가 있다 165
영혼을 치료하는 무료 진료소의 의사처럼 살자 166
사물을 아름답게 하는 또 한 사람이 되고자 한다 168
이의, 탈선을 좋아하는 것은 건강하다는 표시다 170
자신이 무엇을 하는지를 완전히 알고 있었던가 171
우뚝 솟은 나무가 비바람을 피할 수 있을까 172
위대한 풍경 화가는 소박한 환경을 그리기 마련이다 173
자기 자신의 이상을 연기하는 배우가 되지 마라 174
그에게 치욕감을 주지 않아야 훌륭한 승리다 175
훌륭해지고 나서야 마침내 풍요를 얻는다 176
잘못된 방향을 돌려야 자신의 항로로 나아간다 177

4장

삶과 인간의 본질을 들려주는 인생 수업

의미 있는 인생은 최고의 순간들로 이루어진다 185
음식을 찾는 굶주린 사람처럼 뭔가를 갈구하는 사람 186
자신이 겪는 나쁜 일을 사회의 책임으로 돌리는 사람 187
오랜 시간이 지나고 나서야 좋은 것이 내 것이 된다면 188
자신이 본래 하려던 의도를 잊어버리고 마는 사람 189
인간의 고통을 연장시키기에 희망은 최악의 재앙이다 190

Nietzsche

남들의 눈이 무서워서 목표를 취소하지 못하는 사람 192
소유는 주인이 되고, 소유자는 노예가 되다 193
죽음을 앞둔 마지막 순간, 어떤 말을 남길 것인가 194
인간적인 것이라고 모두 진지하게 여길 가치는 없다 196
지구라는 극장의 모든 관객은 진부함을 싫어한다 197
죽음을 맞는 모습은 그의 성격을 드러내지 않는다 198
뒤늦게 후회하고 깨달아봤자 이미 너무 늦었다 200
자기 영혼의 칠판이 빼곡하게 채워지면 201
최고의 행복이 실현되는 인생관을 발견하는 것 202
노년에 인생을 판단하는 것은 현명한 일이 아니다 203
당신의 습관은 무엇으로 이루어졌는가 204
남의 불행을 보고 기뻐하는 마음은 왜 생기나 205
사람들은 너무 가까이에서 자신을 바라본다 206
정말 중요한 문제들은 길거리에 있다 207
깊은 슬픔을 지닌 사람들은 행복할 때 정체가 드러난다 208
난간의 역할을 하는 사람들이 젊은이에겐 필요하다 209
인생의 첫 20년과 마지막 20년에 대한 고찰 210
언제나 우리 인간은 자신의 과오로써 배운다 213
이미 완성된 것을 그저 받아들이는 젊은이들 214
현시대의 사람들이 대담하지 않은 이유 216
가장 높은 진리일수록 가장 단순한 형태로 나타난다 217
사람들이 작은 것보다는 큰 것을 선택해 희생하는 이유 218
다른 사람을 끌어내려 자기 수준과 맞추는 사람 219
세상이 망하길 바라는 건 질투의 가장 높은 단계다 220
과거조차 내려놓지 못하고 여전히 소유하려는 사람 221
자기 자신의 실패를 삭제하는 유일한 피조물인 인간 222
일어나기도 전에 미리 좋다고 말하지 말라 223
여러 사건에 깊이 몰두하면 공허한 인간이 되기 쉽다 224
이른 나이에 업적을 쌓으면 손해가 되는 이유 225

5장

인간관계의
비밀을 알려주는
인생 수업

진리를 듣고 싶다면, 광대를 곁에 두어야만 한다 231
사람들을 화나게 하려면 오래 기다리게 하면 된다 232
허영심이 매우 강한 사람들을 물러나게 하는 법 233
상대와 화해하고 싶다면 유머를 펼칠 기회를 주라 234
대화에서 가장 좋은 반응을 상대에게 이끌어내는 방법 235
누군가의 속마음을 알고 싶다면 이런 기술을 연마하라 236

감사해야 할 의무가 있다는 것을 알게 되면 237

받은 것보다 더 많이 갚아 과거의 굴욕감을 되갚아주다 238

칭찬하는 사람이 내미는 달콤한 몰염치 239

너 자신을 위해서였지 상대를 위해서가 아니었다 240

오만불손한 태도를 사람들에게 보이지 말아야 한다 242

그를 향한 너의 혐오만 믿을 뿐, 그 근거들은 믿지 않는다 243

갑자기 치욕을 낭하면 느끼게 되는 것들 244

상대가 나약하다고 느낄 때에야 비로소 증오하는 사람 245

'그는 사람을 볼 줄 모른다'라는 말의 두 가지 의미 246

좋은 덕목 중 하나인 예의로 서로에게 부담을 안 주려면 247

아무것도 잊지는 않지만, 모든 걸 용서한다면 248

적을 죽이고 싶다는 마음에 시달리고 있다면 249

높은 위치에 올라서야 고귀한 자비를 보이는 사람 250

만족할 줄 모르는 야심가들이 아첨꾼들을 다루는 법 251

가장 비열한 비방을 퍼트리는 건 가까운 이들이다 252

'복수하고 싶지 않다'라는 말을 입 밖에 내지 마라 253

주변의 호의와 증오에 너무 쉽게 휩쓸리는 이유 254

자신에 대한 남들의 평가에 귀 기울이지 마라 255

동정이나 자비보다 호의가 더 큰 역할을 했다 256

동정심이 많은 사람이 불필요해지는 순간 258

복수를 행동으로 옮기는 사람, 복수심만 품은 사람 259

인간은 복수심과 감사의 마음을 함께 품고 있다 260

자신에게 조언하는 사람을 환자가 싫어하는 이유 261

진심에서 우러나오는 신뢰를 얻지 못한 사람 262

겁이 많은 사람은 남의 마음을 상하게 하지 않는다 263

누군가가 우리를 비난할 때 이를 반박하지 마라 264

자만심이 아주 강한 사람이 충분히 존경받지 못하면 265

이야기를 과장하느라 최상급 표현을 남발하는 사람 266

무의식중에 다른 사람에게 무례를 범했다면 267

모욕하고 나서 나중에 용서를 구하는 것 268

의도적으로 매섭게 말하거나 약간 과장하는 이유 269

뭔가 어려운 일을 남에게 요구하는 사람 270

적이 생겼다는 사실에 괴로워하는 사람 271

자기 방어는 내부가 아닌 외부에서만 가능할 뿐이다 272

천천히 불이 붙는 사람, 그냥 냉정하기만 한 사람 273

체계 안으로 들어가려면 완전히 바퀴가 되어라 274

통치하고 싶어 통치하는 이, 통치받기 싫어 통치하는 이 275

사람들에게 좋은 모범과 본보기가 되고 싶다면 276

Nietzsche

말을 해 분노가 폭발하면 차라리 말을 애써 삼켜라 277
논쟁의 열기 속으로 쉽사리 뛰어들지 마라 278
복수를 생각하지 않고 상대를 고발하는 사람은 없다 279
솔직하지 못한 칭찬을 하면 양심의 가책을 더 느낀다 280
허영심이 강한 자들이 질투라는 가면을 사용한다 281
저주로 가득 찬 화살통을 들고 다니는 사람 282
간청은 거절해도 되지만 감사는 거절하지 마라 283
적에게 철저히 지독하게 복수하고 싶다면 284
사람이 내 약점을 알아차리지 않았는지 파악할 때 285
남에게 손해를 입혔을 때 좋은 일을 할 궁리를 하라 286
자신의 약점으로 자신의 덕이 두드러지게 만드는 힘 287
환상적인 이상에는 그 사람의 결점이 숨겨져 있다 288
화를 내고 모욕해놓고는 동정을 요구하는 사람 289
사람이 큰 선물을 받고도 배은망덕해지는 이유 290
위로가 필요한 사람에게 가장 효과적인 위로의 수단 291
어떤 사람에 대한 인상을 규정하는 것의 실체 292
박애, 고귀, 자선, 희생은 누구나 물게 되는 미끼다 293

6장

우정과 사랑의 비밀을 알려주는 인생 수업

두려움을 잘못 알아낼 때와 사랑을 잘못 알아낼 때 301
말을 빠르게, 많이 하면 반드시 경멸을 받는다 302
신뢰에 대한 증거로 비밀을 털어놓으면 안 된다 303
오만불손하다는 평판만큼 더 안 좋은 건 없다 304
정신이 피로할 때는 사람들에게 쌀쌀맞아진다 306
히포콘드리 환자가 질투심에 시달리게 되는 이유 307
동료와 친구를 제물 삼아 자신을 즐겁게 하지 마라 308
그의 허영심을 공격해 자신의 우위를 채우는 법 310
허영심이 큰 두 사람이 만나면 어떤 일이 벌어질까 311
자기가 아는 이야기만 상대방에게 꺼내지 마라 312
자신의 허영심을 위해 친구마저 이용하는 사람 313
교제하는 이가 아첨해 나의 주의력을 마비시키면 314
선물을 준 사람의 기대, 선물을 받은 사람의 내심 315
다른 사람의 신뢰를 얻으려면 네 몸을 아끼지 마라 316
타인의 친절을 받은 기억이 있는지 없는지가 중요하다 317
상대방을 앞에 두고서 남과의 친분을 강조하지 마라 318
평범한 사교 모임을 한 후 꺼림칙함을 느끼는 이유 319
나쁜 평판에 비하면 양심의 가책은 대처하기가 쉽다 320
확실하게 맹세하고 싶다면 말만으로는 절대 안 된다 321

다른 사람의 흥미를 끌려는 뻔한 연극을 펼치지 마라 322
친절을 경제적으로 행하려는 건 허무맹랑한 꿈이다 323
항상 불신하고 질투한다면 그는 시대에 뒤떨어진 인간이다 324
더 열렬한 성격의 소유자가 늘 불리한 위치에 있게 된다 326
위대한 사람이나 유명인사와의 교제를 피하는 이유 327
감정을 겉으로 드러내는 걸 창피해하는 사람과의 교제 328
재능은 있으나 게으른 사람과의 교제에서 주의할 점 329
자신을 채우고자 하는 사람, 자신을 비우고자 하는 사람 330
자기 자신을 증오하는 사람을 가까이하지 마라 331
나와 교제를 하고 있으니 나를 잘 안다고 믿는 사람 332
친절하고 호의적인 사람들과 사상가가 어울릴 수 없는 이유 333
맛있고 영양이 풍부한 밥처럼 좋은 사람을 사귀고 싶다면 334
내가 그를 신뢰한다고 해서 그가 나를 믿길 요구하지 마라 335
좋은 친구를 사귀는 재능은 특별한 가치가 있다 336
계속 친구로 남기 위해 침묵하는 법을 배우게 된다 338
누군가를 존경한다는 것, 누군가를 사랑한다는 것 340
평상시에는 친구 사이인 어떤 사람에게 성실할 것 341
옛 친구들이 오랜 이별 끝에 다시 재회해 만나게 되면 342
오직 부지런한 사람들과 우정을 맺는 것이 좋다 343
상대를 많이 아끼고 사랑할 때 좋은 우정이 생긴다 344
변하지 않은 내 친구와 크게 변한 내가 만나게 되면 345
그가 나와 다르다는 사실을 이해하고 즐거워하자 346
사람을 사랑하는 법은 어린 시절부터 배워야 한다 347
모두를 차별 없이 대하는 건 오히려 인간에 대한 멸시이다 348
마음속에 품은 여성상이 어머니가 남긴 유산이다 349
결혼 관계가 이어지는 내내 오직 대화만은 계속된다 350
상대가 늙었을 때 어떤 모습일지 상상할 수 있는가 351
두 사람 다 사랑받으려 하면 벌어지게 되는 일들 352
어린 시절의 비극은 평생 동안 사라지지 않는다 353

Nietzsche

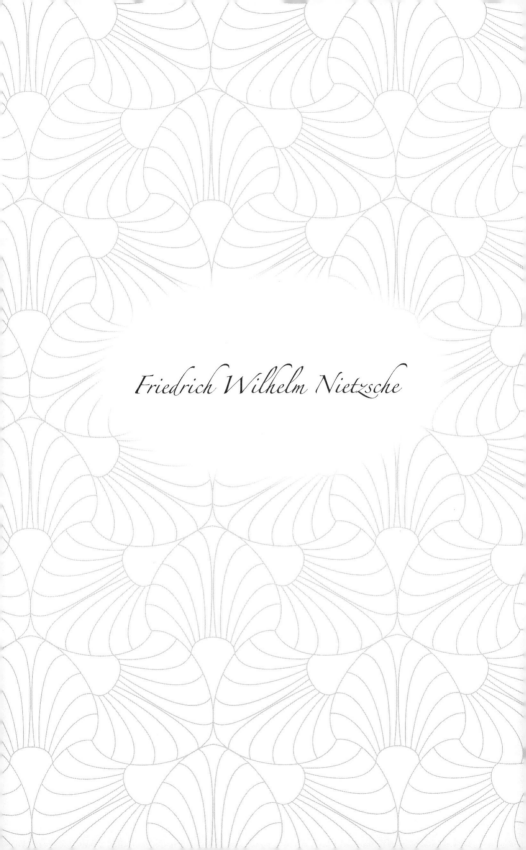

Friedrich Wilhelm Nietzsche

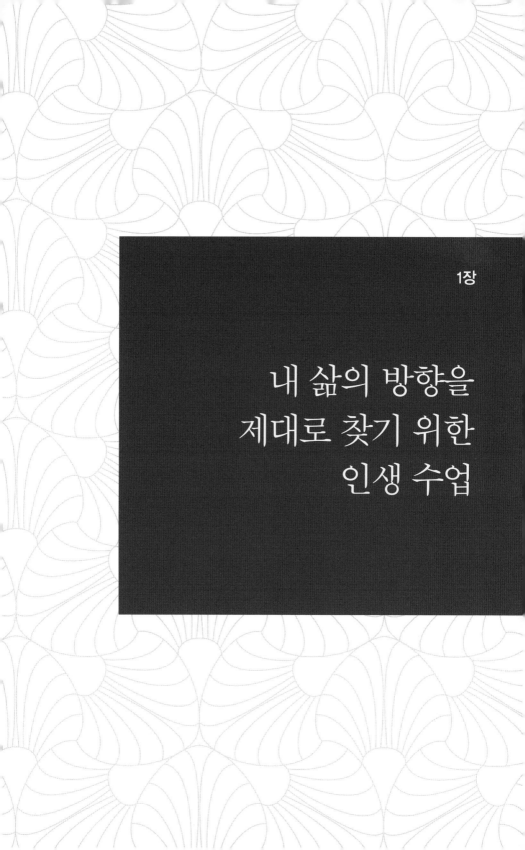

1장

내 삶의 방향을
제대로 찾기 위한
인생 수업

자연의 모습에서
자신의 닮은 꼴을 발견하라

우리는 자연의 어떤 모습에서 자신과 닮은 꼴을 발견하면 기분 좋은 전율을 느낀다. 이것은 가장 아름다운 도플갱어일 것이다. 내내 햇살이 반짝이는 10월의 대기, 이른 아침부터 밤까지 장난꾸러기처럼 즐겁게 나부끼는 바람결, 아주 밝으면서도 춥지도 덥지도 않은 적당한 서늘함, 매서운 만년설을 두려워하지 않고 담대히 그 옆에 자리잡은 이 고원의 언덕과 호수와 숲이 한데 어우러져 느껴지는 우아하고 진중한 모습, 자연에서 볼 수 있는 모든 은빛 색조의 원류인 듯한 곳! 바로 여기 자연의 모습에서 자신의 닮은 꼴을 발견하는 사람은 얼마나 행복한가. "자연에는 훨씬 웅장하고 아름다운 것들이 많이 있겠지만 나는 이것에 마음이 끌려. 예전부터 알았던 것처럼 친숙하거든. 마치 피로 이어진 것처럼, 아니 그 이상으로 말이야"라고 말할 수 있는 사람은 얼마나 행복한가.

여행을 했다는 사실조차
알아차리지 못하는 우리

우리는 언젠가는 목적지에 이르게 된다. 그리고 뿌듯한 얼굴로 긴 여행을 하는 동안 우리가 했던 것들을 가리킬 것이다.

그러나 사실상 우리는 여행을 했다는 사실조차 알아차리지 못했다. 왜냐하면 어느 곳에 있든지 간에 항상 집에 있다고 여길 수 있는 거리만큼, 딱 그만큼만 갔기 때문이다.

차라리 침묵하는 사람들을
본 적이 없는가

황홀한 마음을 단단히 붙잡고 억누르면서 참을 수 없는 수치심을
잃느니 차라리 침묵하는 사람들을 본 적이 없는가?

　인정받기 싫어서 모래에 찍힌 자신들의 발자국을 지우고 또 지
우는 사람. 숨어 지내기 위해 다른 사람들과 자기 자신을 기꺼이
속이는 사람. 불편하지만 때로는 본성이 좋은 사람. 그들을 본 적
이 없는가?

경험의 원천이 되는
자기 자신에게 헌신하라

당당한 발걸음과 경건한 믿음으로 지혜의 길로 전진하라! 당신이 어떤 사람이든지 간에 경험의 원천이 되는 자기 자신에게 헌신하라! 당신의 본질에 대해 불평불만을 늘어놓지 말라. 자신을 책망하지 말라. 당신에게는 인식으로 향하는 100개의 디딤판이 있는 사다리가 있다. 당신이 체험한 모든 걸 손에 넣어라. 이를테면 혼선, 오류, 착각, 정열, 사랑과 희망 등 당신이 추구하는 목표에 나타나는 것들 말이다. 이 목표들은 필연적으로 자기 자신이라는 문화의 고리를 이루는 하나의 사슬이 되어 그 과정이 진행되도록 한다. 만약 당신의 눈이 자신의 본질과 인식 안에 숨겨진 어두운 샘의 바닥을 볼 수 있을 만큼 충분히 밝아졌다면 아마 그곳에 비친 멀리 있는 별들, 즉 미래의 문화도 볼 수 있을 것이다.

이처럼 목표를 추구하는 삶은 매우 힘들고 잠시도 편안할 수 없으리라 생각하는가? 그것은 당신이 '인식의 꿀보다 더 달콤한 꿀은 없다'는 사실을 아직 배우지 못했기 때문이다. 아직은 모르겠지만 드리워진 비애의 구름마저도 당신의 원기를 회복시킬 우유를 짜내는 젖가슴이 될 수 있다.

우리는 나이가 들어서야 그동안 온 세상을 즐거움으로 지배하는 자연의 소리에 얼마나 귀를 기울이고 있었는지 깨닫게 된다. 이러한 인생에서는 나이가 들수록 지혜도 쌓여서 늘그막에는 변함없는 정신적 기쁨을 느끼며 온화한 햇빛처럼 빛나게 된다. 결국 당신은 자연이 바라는 대로 인생의 한 산등성이에서 나이와 지혜의 정점에 오르게 될 것이다. 그리되면 죽음에 안개가 다가올 시간이 되었다는 사실을 깨달아도 화를 낼 이유가 없어진다. 당신은 마지막으로 빛을 향해 나아갈 테고 인식의 환호성을 지를 것이다.

사물들을 제대로 파악하려면
멀리 거리를 두고 봐라

A: 그런데 왜 이렇게 너는 혼자 있는 거야?

B: 친구들과 함께 있을 때보다 이렇게 혼자 있을 때, 친구들을 더 확실히 알 수 있고, 또 친구들을 더 아름답게 보는 것 같아. 내가 음악을 가장 사랑한다고 느꼈을 때, 실제로 나는 그 음악에서 멀리 떨어져 있었거든. 사물들을 제대로 파악하려면 멀리 거리를 두고 봐야 할 것 같아.

앞으로도 네가 가는 길은
더 고독하고 험난할 거야

넌 앞으로 나아갔고 아주 높이 올라왔어. 그 확실한 증거가 몇 가지 있는데, 지금 네 주위를 둘러봐. 이전보다 훨씬 광활하고 경치도 훌륭하지. 바람은 전보다 더 서늘하지만, 한결 온화해. 이제 넌 온화함과 따스함을 혼동하지는 않아. 예전에는 어리석게도 그랬었지. 네 발걸음은 더 생기발랄하고 확고해졌어. 더불어 한결 용감해졌고, 사려 깊어졌지.

바로 이러한 이유로 앞으로도 네가 가는 길은 더 고독해질 거야. 어쩌면 길은 이전보다 더 험난해질 거야. 그런데 안개 자욱한 골짜기에서 산을 걷고 있는 네 모습을 바라보는 사람들의 눈에 그건 별로 험난해 보이지 않을지도 모르지.

오로지 느긋하고 즐겁게 자신과
대화를 나눌 뿐이다

어떤 사람들은 홀로 지내는 데 익숙하다. 이들은 다른 사람과 경쟁할 생각도 하지 못하며, 오로지 느긋하고 즐겁게 자신과 대화를 나눌 뿐이다. 정말로 혼자만의 삶을 살면서도 웃을 수 있는 유형인 것이다. 이런 사람에게 스스로 다른 이들과 비교해보라고 하면, 자신을 지나치게 과소평가하는 경향이 있다. 그래서 이들은 이제라도 다른 사람들에게 자기 자신을 정당하게 평가하는 법을 배우도록 강요를 받는다.

그러나 설령 이런 식으로 남들에게서 자신을 평가하는 법을 배운다고 해도 이들은 계속해서 그 평가에서 뭔가를 빼거나 깎으려고 한다. 따라서 이런 이들은 그냥 혼자 기분 좋게 있도록 내버려두어야 한다. 이들이 혼자 있다고 해서 가엽다고 생각하는 어리석은 오지랖을 부리지 마라.

많은 사람 틈바구니에 끼어
그 사람들처럼 살지 말자

A: 너의 사막으로 되돌아갈 거야?

B: 나는 결정이 빠른 사람이 아냐. 내가 결정을 내릴 때까지 기다려야 해. 내 자아의 샘에서 물이 나올 때까지는 항상 시간이 좀 걸리거든. 참을 수 있는 것보다도 훨씬 더 오래 갈증을 참아야 할 때도 있어. 이런 일은 아주 흔해. 그래서 또 고독하기도 하고. 모두가 마실 수 있는 물통에서 물을 마시지 않으려고 해서 벌어지는 일이기도 해. 많은 사람 틈바구니에 끼어서 그 사람들처럼 살면, 내가 나처럼 생각하지 못하거든. 사람들 틈에서 살다가 어느 정도 시간이 지나면, 마치 사람들이 나를 나 자신에게서 추방하고, 내게서 영혼을 빼앗는 것처럼 여겨져. 그러다 보면 결국 나는 사람들에게 악의를 품게 되고, 또 사람들을 두려워하게 돼. 이럴 때 나에게 사막이 필요해. 그래야 내가 다시 제대로 성장할 수 있으니까.

우리의 인생에서 가장 좋은 것은
깊은 고요다

무엇이든 항상 자기 자신에게 초점을 두고, 자기가 지닌 능력을 모두 서로 조화롭게 만드는 사람들이 있다. 이런 사람들은 목표를 정하는 활동은 무엇이든 마음에 들지 않는다고 한다. 이들은 마치 음악의 마디를 이루는 동적인 선율이 시작되는 부분도 없이 그냥 길게만 늘어진 조화로운 화음으로 이루어진 음악과 같다. 따라서 조화로운 화음으로만 이루어진 호수 위의 조각배가 다시 새로운 평형을 유지하게 하려면 외부에서 오는 움직임이 필요하다.

이러한 천성을 가진 사람들을 만나면 현대인들은 대부분 매우 불안해진다. 왜냐하면 이들이 자신은 아무것도 아니라고 말하고, 또 실제로 이들에게서 나올 게 없어도 그냥 무시할 수는 없기 때문이다.

그러나 이들의 모습을 보면 각자 개인의 기분에 따라 이런 이상한 의문을 품게 된다. 도대체 왜 선율이 필요한가? 삶이 깊은 호수에 고요히 비치고 있는데 우리는 왜 여기에 만족하지 못하는가?

중세에는 이런 천성을 가진 사람들이 지금보다 많았다. 괴테는 자신에게 "가장 좋은 것은 깊은 고요다. 그 속에서 나는 세상에 역행하며 살고 성장하며, 불과 칼로도 빼앗을 수 없는 것을 얻게 된다"라고 말했다. 이렇듯 군중 속에서도 여전히 자신과 더불어 평화롭고 즐겁게 살아갈 수 있는 사람을 만나는 것이 얼마나 드문 일인가.

다른 사람과 함께 합창하려
해서는 안 된다

오, 너희는 자신에게 사기를 치는 가련한 사기꾼이나 다름없다. 너
희는 젊고 유능하며 명예욕에 갈급해서 일어나는 모든 사안에 대
해 항상 자신의 의견을 말할 의무가 있다고 여긴다. 이런 식으로 먼
지와 소음을 만들어내면서 자신이 역사의 수레를 구성하는 일부라
고 믿는다. 너희는 언제나 끼어들어 말할 수 있는 순간을 기다린다.
너희는 지금도 위대한 업적을 이루고 싶어서 갈망하겠지만, 그러한
업적을 잉태하려면 깊은 침묵이 필요하다. 너희는 그런 침묵을 견
뎌낼 수 없으리라. 너희는 자신이 사건을 좇는다고 여기겠지만, 실
은 날마다 일어나는 사건이 너희를 바람에 나부끼는 왕겨처럼 몰
고 가는 것이다, 이 가련한 사기꾼들아! 정말 무대에서 영웅 노릇
을 하고 싶다면 다른 사람과 함께 합창하려 해서는 안 된다. 아니,
아예 합창이라는 걸 어떻게 하는지 알아서도 안 된다.

남을 뒤따르는 것도 싫고,
남을 이끄는 것도 싫다

남을 뒤따르는 것도, 남을 이끌고 앞장서 가는 것도 싫다. 남에게 복종? 싫다! 그렇다면 군림? 그것도 싫다! 두려워하지 않는 자는 아무도 두렵게 할 수 없다. 공포를 자아내는 자만이 다른 사람을 이끌 수 있다. 내가 나를 이끄는 것, 나는 그 자체부터가 싫다.

　나는 숲이나 바다의 동물이라도 된 듯 잠시 잠깐만이라도 나를 잊는 것을 좋아한다. 웅크리고 앉아 멍하니 허튼 생각에 잠겨 있다가, 멀리서 '집으로 돌아오라'고 나를 유혹해 부르거든 '돌아가자'고 스스로 달래야지.

무리에 속하려는
군중 본능에서 벗어나라

매우 양심적인 인간도 "이러한 것은 네가 사는 사회의 미풍양속에 저촉된다"라는 비난을 들으면 마음이 약해진다. 이것이 양심의 가책이다. 제아무리 강한 자도 같은 사회에서 함께 교육받으며 자란 사람들의 차가운 시선, 조소와 비아냥거림은 두려운 법이다.

그런데 도대체 무엇이 그리 두려운 것일까? 사회로부터 고립되는 것! 한 개인이나 한 가지 사안을 단숨에 제압해버리는 가장 합리적인 이유는 바로 이것 때문이다. 이처럼 우리의 내면에는 무리에 속하려는 군중 본능이 있다.

고독을 견디는 법을 가르치는
사회여야 한다

내가 보기에는 이미 우리의 교육과 훈육 방식이 지닌 가장 보편적인 결함이 점차 드러나기 시작했다. 말하자면 아무도 고독을 견디는 법을 배우지 않고, 고독을 견디려 하지도 않는다는 것이다. 또한 고독을 견디는 법을 가르치려는 사람도 없다.

저녁의 고즈넉함과
일몰의 고요함을 사랑하라

조용한 사람에게는 '무위의 행복'에 깃든 드물고도 기이한 즐거움이 있다는 것을 너희도 인정할 수밖에 없을 것이다. 또한 그에게는 저녁의 고즈넉함과 일몰의 고요함이 있는데, 열정으로 너무 자주 소진되고 찢기고 중독된 가슴을 안은 사람이라면 그게 무엇인지 알리라.

뭔가를 체험하는 동안에는
오직 거기에만 집중하라

때 아닌 시기에 보려고 하지 마라. 뭔가를 체험하는 동안에는 눈을
감고 오로지 그 체험에만 전념해야 한다. 그러지 않으면 체험을 소
화하지 못해서 결국 지혜가 아닌 소화불량만 얻은 채 체험의 목격
자로 남게 되리라.

지혜를 얻고 싶다면
반드시 직접 체험해야 한다

지혜를 얻고 싶다면 반드시 직접 체험해야 한다. 이는 비유하자면 범의 아가리 속에 직접 뛰어드는 격으로 당연히 매우 위험한 일이다. 심지어 어떤 '현자'들은 직접 체험하는 이 과정에서 완전히 탈진해버리고 만다.

무언가를 포기하는
단련을 매일 꾸준히 하라

자그마한 일에도 자제하지 못하면, 큰일에 대한 자제력도 무너지기 쉽다. 그러니 적어도 하루에 한 번 뭔가 사소한 것을 포기하는 단련을 해야 한다. 그러지 않았다면 그 하루를 잘못 사용한 것이고, 이는 그다음 날 하나의 위험이 될 것이다. 스스로 주인이 되는 기쁨을 지키고 싶다면 반드시 무언가를 포기하는 단련을 해야 한다.

무언가를 받아들이는 데
충분한 시간을 가져라

깊은 샘에 뭔가가 떨어지면 바닥에 닿기까지 오랜 시간이 걸리듯이 깊이가 있는 사람도 무언가를 받아들이는 데 시간이 필요하다. 보통 충분히 기다리지 못하는 성미 급한 이들이 이렇게 깊이 있는 사람을 가리켜 '유연성이라곤 없는 뻣뻣한 위인, 심지어는 따분한 사람'이라며 쉽게 평가하곤 한다.

정신이 빈곤한데도
만족하며 살아가는 사람들

영업 사원들이 지닌 가장 큰 편견은 '영업해야 한다'는 생각 그 자체다. 그 생각에 매진하면 모든 장소와 사회와 호의마저 영업이라는 틀 안에서 보게 되어 정신이 아예 매이게 된다. 영업이라는 일에는 부지런하지만 정신적으로는 매우 게으르다고 할 수 있다.

이들은 이처럼 정신이 빈곤한데도 이에 만족하고, '만족해야 한다'는 의무감을 앞치마처럼 두른 채 그렇게 살아간다. 그리고 자신의 아이들도 자신처럼 그렇게 살기를 바란다.

오래 지속되는 인식의 상태를
휴식처럼 겪어보라

폭풍이 휘몰아치는 아침처럼 활동적으로 살아야 하는 사람이 한낮이 되면 갑자기 휴식을 취하고 싶은 이상한 욕구에 사로잡힌다. 이러한 휴식은 여러 달 혹은 여러 해가 걸릴 수도 있다.

그의 주위는 매우 고요해지며, 목소리는 점점 멀어지고, 태양은 그의 머리 위로 쏟아진다. 사람의 발길이 닿지 않은 숲의 풀밭에서 잠든 위대한 목양신 판(그리스 신화 속 목축의 신-옮긴이)의 모습이 보인다. 자연의 모든 사물도 목양신과 함께 잠들어 있다. 이들의 얼굴은 마치 영원히 잠든 것처럼 보인다. 이제 그는 아무런 바람도 없고, 아무런 걱정도 없다. 그의 심장은 멈추었고, 오직 그의 눈만 살아 있다. 이것은 '눈만이 깨어 있는 죽음'이다. 이곳에서 그는 전에는 한 번도 본 적 없는 것들을 많이 보게 된다. 그가 바라보는 모든 것은 하나의 빛 그물이 되어 함께 엮이고, 곧바로 그 안에

42   1장

묻히게 된다. 이제야 그는 행복하다고 느끼지만 이 행복은 무겁고 무겁기만 하다.

이때 마침내 나무 사이로 바람이 인다. 한낮이 지나갔다. 삶이 그를 깨워 낚아채듯 다시 눈먼 삶이 있는 곳으로 끌고 오고 그 뒤로 소원, 기만, 망각, 향락, 파괴, 무상함 같은 그의 수행원들이 따라온다. 이렇게 저녁이 다가오면 아침보다 훨씬 더 휘몰아치고, 활동은 더욱 왕성해진다.

원래 활동적인 사람이 이처럼 오래 지속되는 인식의 상태를 겪으면 거의 섬뜩하고 병적인 것처럼 보인다. 하지만 그 자신은 그런 상태를 싫어하지 않는다.

내가 하는 일의 목적을
논할 시간을 반드시 가져라

"내가 하는 일은 과연 무엇을 위함인가? 나는 이 일로 무엇을 이루고자 하는가?" 현재의 교육에서는 이런 '진리에 관한 질문'을 가르치지도, 묻지도 않는다. 이런 질문을 할 시간조차도 없다. 아이들과 실없는 농담을 하고, 장차 어머니가 될 소녀들에게 듣기 좋은 말을 하고, 청년들과 함께 그들의 미래와 쾌락에 대해 논할 시간과 의향은 언제나 있는데 말이다.

진리를 논할 시간이 없다고? 인간에겐 통상적으로 70년의 시간이 주어지는데 이것은 다 무엇이란 말인가!

자기 자신을 제대로 알지 못하는
사람이 되지 마라

두 친구가 있었다. 그러나 이들은 더 이상 친구이기를 거부하고 동시에 우정의 끈을 놓아버렸다. 한 사람은 자신이 잘못 아는 것이 너무 많다고 여겼고, 다른 사람은 자기가 지나치게 많이 안다고 믿었기 때문이다.

이 경우엔 둘 다 틀렸다! 왜냐하면 이들 중 누구도 자기 자신을 제대로 알지 못하기 때문이다.

사소한 습관들부터
고쳐야 인생이 달라진다

육체의 만성적인 병처럼 영혼의 만성적인 병 또한 육체와 영혼의 법칙을 한 번 크게 침해당했다고 생기는 경우는 매우 드물다. 이런 병들은 알아채지 못한 무수히 많은 사소한 소홀함 때문에 생긴다.

예를 들어 매일 아주 미세하게 호흡하고 너무 적은 공기를 들이마셔서 폐가 전체적으로 충분히 움직이지 못하게 된 사람은, 결국 만성적인 폐 질환을 앓게 될 것이다. 이 경우 치료하려면 예전과는 반대로 수없이 호흡하면서 알지 못하는 사이에 다른 습관을 기르도록 하는 수밖에 없다. 예를 들어 매일 15분씩 강하고 깊게 호흡하기를 규칙적으로 하는 것이다. 이때 가능한 한 바닥에 반듯이 누운 채로 해야 한다. 15분마다 울리는 시계가 평생을 함께하는 반려자가 되도록 꾸준히 실천해야 할 것이다. 이러한 치료는 서서히 그리고 조금씩 진행된다.

마찬가지로 자신의 영혼을 치유하려는 사람도 가장 사소한 습관들을 고쳐야 한다. 어떤 사람들은 날마다 열 번씩 자기 주위 사람들에게 악의에 가득 찬 냉소를 퍼부으면서도 별일이 아니라고 여긴다. 이런 식으로 지내면 몇 년 후 날마다 열 번씩 주위 사람들을 기분 상하게 하는 것이 습관이 되지만 그는 이런 사실을 인식하지도 못한다. 어쩌면 그는 주위 사람들을 날마다 열 번씩 기분 좋게 만드는 습관을 만들 수도 있었는데도 말이다.

자기 이익을 위해 했던 일로
자랑스러워하지 마라

자기 이익을 위해 했던 일이나 자기 자신을 기쁘게 했던 일로 다른 사람에게 도덕적인 칭찬을 받아서는 안 된다. 그러한 일을 한 자기 자신을 자랑스러워해서도 안 된다. 이때 감상적으로 여기지 말고, 감상적인 것을 모두 내려놓아야 한다.

　이것이야말로 고귀한 인간이 지니는 좋은 태도라고 할 수 있다. 이러한 태도에 익숙해진 사람들은 다시 순박함을 회복한다.

스승과 인도자를 대충 찾으면
나중에 대가를 치른다

청년 시절에 우리는 우리가 사는 현재에서 스승과 인도자를 선택한다. 이때는 별다른 생각 없이 많이 찾지 않아도 될 만큼 이들이 현재 다른 어떤 사람들보다도 더 적합한 스승이고 인도자라고 확신한다. 이러한 유치한 생각 때문에 나중에 심한 대가를 치르게 된다. 또 우리는 선택한 우리 스승의 죄까지도 대가를 치러야 한다.

그러고 난 다음에서야 우리는 참된 안내자를 찾아 이전 시대를 포함해 전 세계를 돌아다닐지도 모른다. 그러나 어쩌면 이때는 이미 늦었을 것이다. 최악의 경우 우리가 젊었을 때 이미 참된 스승을 놓쳤다는 사실을 알게 될 수도 있다.

연극에서 비극과 희극을 찾듯
세상을 보는 눈을 떠라

어떻게? 아직 극장이 필요한가? 아직 젊은가? 그렇다면 영리해져라. 연극이 가장 잘 연출된 곳에서 비극과 희극을 찾아보라! 더욱더 흥미로워지는 부분이 어디인지 찾아보라! 이럴 땐 관객으로만 머물기 쉽지 않을 것이다. 그러나 배워야 한다! 그러면 열정에 사로잡혔을 때 또는 어렵고 고통스러운 어떤 상황에서도, 언제나 기쁨으로 통하는 작은 문과 피난처를 찾을 수 있다.

연극에서처럼 세상을 보는 눈을 떠라. 다른 두 개의 눈을 통해 세계를 들여다보는 커다란 제삼자의 눈을 떠라.

나는 내가 어디서 왔는지
아는 불꽃 같은 존재다

에케 호모(Ecce Homo, 이 사람을 보라)! 그렇다. 나는 내가 어디서 왔는지 안다! 아무리 먹어도 배부르지 않은 불꽃처럼 나는 뜨겁게 달아올라 나를 먹어치운다. 내가 손에 쥔 것은 모두 빛이 되고, 놓아버린 것은 모두 까맣게 타버린다. 나는 필히 불꽃이다!

비참한 세상을 동정하지 말고
오직 순수하라

별아, 정해진 대로 네 길을 가라. 어둠이 너와 무슨 상관이더냐? 기쁜 마음으로 뱅글뱅글 돌며 이 시대를 지나가라! 시대의 비참함은 네겐 낯설고 먼 일이야. 너의 빛도 어두운 세상의 것이란다. 이런 네가 세상을 동정하는 것은 죄악이야! 별아, 넌 하나의 계율만 지키면 돼. 순수해라!

남에게 책임을 떠넘기는 한,
그는 폭도에 속한다

"항상 남에게 책임을 떠넘기는 한, 그는 폭도에 속한다. 언제나 자기 자신에게 책임을 돌릴 때, 그는 비로소 진리의 궤도에 들어선 것이다. 그러나 지혜로운 사람은 자기나 다른 사람, 그 누구에게도 책임이 없다고 본다."

누가 이 말을 했을까? 1,800년 전 에픽테토스(고대 그리스 로마의 후기 스토아 철학자-옮긴이)가 했던 말이다. 사람들은 이 말을 들었지만 잊어버렸다. 아니다. 사람들은 이 말을 듣지도 않았고, 잊지도 않았다. 모든 것이 망각되지는 않는다. 사람들은 듣는 귀, 요컨대 에픽테토스가 하는 말을 들을 귀가 없었다. 그래서 에픽테토스는 자기 귀에 대고 이 말을 했던 것일까? 아마도 그러할 것이다. 지혜란 사람들로 북적이는 시장에서 외로운 자가 자신에게 속삭이는 귓속말이다.

자신의 무지를 숨기고자
거만하게 행세하지 마라

어떤 분야에서건 뭔가를 잘 알고 이해하면, 우리는 겸손해지고 행복하며, 독창성을 발휘한다. 또 충분히 배웠고 눈과 귀를 열고 있으면, 어디서건 우리의 영혼은 더욱 유연해지고 우아하게 된다.

그러나 우리가 아무것도 파악하지 못하고 제대로 배우지 못했다면, 어떤 사안을 받아들이면서 자신을 사랑스럽고 가치가 있는 존재로 만들지 못한다. 오히려 우리는 뻣뻣한 자세로 아무런 감흥도 없이 도시, 자연, 역사를 그냥 지나치게 된다. 그러고는 심지어 자신이 뛰어나서 이러한 태도를 보이고 냉정하게 구는 것처럼 행세한다. 이처럼 우리는 자신의 무지와 지식에 대한 빈약한 갈증을 위엄과 성격으로 가장하면서 거만하게 행세하는 법을 터득하기도 한다.

급한 성질, 짜증과 복수 욕구, 욕망을 극복하라

자신이 지닌 급한 성질, 짜증과 복수 욕구, 욕망을 극복하려 하지 않고 오히려 다른 어딘가에서 대가가 되려는 사람은, 아무런 대비도 하지 않고 급류가 흐르는 산골짜기의 개울 옆에 밭을 일구는 농부처럼 멍청하다.

내가 어떤 단계에 살고 있는지
자각해야 한다

비교적 높은 인간 정신의 제1단계에서는 용기가 미덕 중에서 가장 고귀한 것으로 여겨진다. 제2단계에서는 정의, 제3단계에서는 절제, 그리고 제4단계에서는 지혜가 가장 고귀하게 여겨진다.

이 네 단계 중에서 우리는 어떤 단계에 살고 있는가? 그리고 당신은 어떤 단계에 살고 있는가?

'공동'이라 불리는 것들은
항상 별 가치가 없다

다수의 의견을 따르는 좋지 않은 취향을 지녔다면 스스로 벗어나려고 노력해야 한다. '선'이라는 것이 이웃 사람들의 입에 오르내리게 되면 더는 선이 아니다. '공동의 선'이 어떻게 존재할 수 있겠는가! 이 말 자체가 모순이다. 지금까지 그래왔고 앞으로도 그렇겠지만 '공동'이라 불리는 것들은 항상 별 가치가 없다.

위대한 일은 뛰어난 사람에게 예비되어 있으며, 수령은 그것을 이겨낼 심계를 갖춘 사람을 위해 존재한다. 몸서리쳐지는 두려움이나 가슴이 따뜻해지는 다정함도 민감한 감정을 지닌 사람이어야 느낄 수 있는 것이다. 요약하자면 희귀한 것은 그만큼 고귀한 사람들을 위해 존재한다는 말이다.

자기 행동을 숙고하는 법을
단련해야 한다

자기 행동을 심사숙고하는 법을 연습하고 단련해 이에 익숙해지면, 다음에 같은 행동을 할 때는 그것이 편지를 쓰거나 음식을 먹고 마시는 것처럼 간단한 일에 불과하더라도 내면의 눈을 감아야만 한다. 정말로 평범한 사람들과 대화를 나눌 때도, 이들이 생각하는 것을 제대로 알아내고 또 이해하려면 사상가는 눈을 감고 생각하는 법을 알아야만 한다.

선행은 세상에 알려지면
순수한 쾌감이 사라진다

선행을 하는 사람도 악행을 하는 사람과 마찬가지로 자신의 정체가 드러나는 것을 두려워한다. 정체가 드러나는 것을 꺼리는 이유가 무엇일까? 악행은 세상에 알려지면 벌을 받지만 선행은 세상에 알려지면 쾌감이 사라지기 때문이다. 즉 아무도 모르게 선행을 함으로써 얻는 순수한 쾌감은 허영심이 충족되는 순간 사라진다.

사람에게 매달리지 말고,
자신의 덕목을 지켜라

사람들은 적당한 때에 자신이 독립을 추구하고 다른 사람에게 명령할 수 있는 그릇인지 스스로 시험해봐야 한다. 이러한 시험은 다른 심판관 앞에서 치르는 것이 아니라 자기 자신이 스스로 증인이 되어 치르는 것이며, 어쩌면 자신이 지금까지 겪은 것 중에서 가장 위험한 놀이일 수도 있다. 그렇다 하더라도 이 시험을 결코 피해서는 안 된다. 이러한 시험을 치를 때는 어느 한 사람에게 매달리지 마라. 설령 가장 사랑하는 사람이라 해도 이 시험에서 그 사람은 모두 자신을 가두는 감옥이자 막다른 골목일 뿐이다.

조국에도 매달리지 마라. 조국이 승승장구하고 있다면 자신의 마음에서 떼어놓기가 그리 어렵지 않을 테지만, 반대로 조국이 매우 고통스러운 상황에 처해 도움이 필요하더라도 이에 연연해서는 안 된다.

동정에 매달리지 마라. 이는 특히 고귀한 사람들에게 해당하는 이야기다. 우리는 고귀한 사람들이 동정에 취약한 탓에 드물게도 고통과 무기력함에 빠지는 것을 우연찮게 목도한다.

학문에 매달리지 마라. 학문에서 분명히 다른 사람이 아닌 바로 우리를 위해 남겨둔 것 같은 아주 값진 발견을 했더라도 말이다.

자기 자신에게서 해방되는 데 매달리지 마라. 더 멀리 높이 날아가 더 많은 것을 내려다보려는 새처럼, 자신의 욕망이 갈구하는 어느 미지의 세계와 낯선 세상에 매달리지 마라. 날고자 하는 사람은 위험을 맞닥뜨리기 마련이다.

자신의 덕목을 지켜라. 전체를 위해 자기가 지닌 어느 개별적인 덕목, 예를 들어 '손님을 후하게 대접하는 친절'이라는 덕목을 희생해서는 안 된다. 고귀한 품성과 풍부한 영혼을 지닌 사람들일수록 이러한 위험을 맞닥뜨릴 가능성이 크다. 왜냐하면 덕목은 어떻게 보면 매우 사치스러운 것이라 어떤 방식으로 취급할지는 결국 자신의 마음이기 때문이다. 경우에 따라서는 관용이라는 덕목을 악덕으로 몰아갈 수도 있다. 따라서 자신을 잃지 않고 지키는 법을 알아야만 한다. 이렇게 가장 어려운 시험에 통과해야 독립을 이뤄낼 수 있다.

내면의 흐름인 밀물과 썰물을
잘 이용해야 한다

인식이라는 목표를 달성하려면 내면의 흐름을 잘 이용할 줄 알아야 한다. 이 흐름을 타면 밀물과 썰물처럼 어떤 사안으로 우리를 끌고 들어갔다가, 잠시 후 다시 그 사안 밖으로 끌고 나온다. 내면의 밀물과 썰물을 이용하라!

다른 사람의 괴로움 때문에
내가 침울해지지 않게

비탄에 빠져 귀를 막아버린다면? 다른 사람의 비탄과 괴로움 때문에 우리 자신의 기분이 침울해지고 우리의 하늘에 먹구름이 낀다면, 이런 결과를 누가 감당해야 할까?

당연히 그 다른 사람이 이미 지고 있는 모든 짐에 더해 우리의 감정까지 짊어져야만 한다! 우리가 다른 사람이 탄식하는 소리를 듣고, 그에게 메아리를 돌려주고, 또 그의 비탄을 들어주기 위해 항상 귀를 기울이더라도 결국은 그를 도울 수도 없고, 원기를 북돋을 수도 없다. 우리가 올림포스 신들의 기술을 배워 다른 사람의 불행을 보고도 불행해지지 않고, 오히려 기쁨을 느끼게 되지 않는다면 말이다. 물론 우리는 비극을 보고 즐김으로써 이미 이상적인 신들의 잔인함을 닮아가고는 있지만 그렇더라도 이는 너무 신적인 경지다.

한 사람의 위대함이란 방향을
제시하는 것이다

홀로 흘러가는 물줄기는 더 크고 풍성해질 수 없다. 헤아릴 수 없이 많은 지류를 받아들이며 앞으로 계속 나아가야 비로소 강이 되는 것이다.

위대한 정신도 마찬가지이다. 위대한 정신을 지닌 사람은 재능이 뛰어난 사람이 아니라 그를 뒤따르는 수많은 지류가 나아갈 방향을 제시하는 사람이다. 위대함이란 방향을 제시하는 것이다!

관례적인 의견의
노예가 되기를 거부하라

사람들이 갑자기 어떤 사안에 대해 질문을 받았을 때 가장 처음으로 떠올리는 의견은 대개 자기 의견이 아니라 자신의 계급과 지위, 혈통에 속한 관례적인 의견이다. 사람들이 자기 의견을 바로 떠올리는 경우는 매우 드물다.

다른 사람의 갈채나 박수를
필요로 하지 마라

스스로 손뼉을 칠 수 있을 정도로 확신한다면, 사상가는 다른 사람의 갈채나 박수가 필요하지 않다. 그러나 대부분의 사람들은 이러한 갈채를 포기할 수 없다. 이런저런 종류의 갈채를 포기할 수 있는 사람이 있을까? 나는 그렇지 않다고 생각한다.

현자를 비방하는 사람이 절대 아니었던 타키투스(로마 제정 초기의 저술가이자 정치가-옮긴이)마저도 "현자들도 영광을 구하는 마음을 최후에야 내려놓는다"라고 말했다. 이 말은 최고의 현자들조차 박수와 갈채를 결코 포기할 리 없다는 뜻이다.

나에 대한 남들의 말들을
모두 신경 쓰면 파멸한다

사람들이 우리에 대해 하는 말을 매일 듣는 것, 또는 사람들이 우리에 대해 무슨 생각을 하는지 곰곰이 생각하는 것! 제아무리 강한 사람도 남들이 자기에 대해 하는 말들을 모두 신경 쓰다 보면 파멸한다. 다른 사람들은 매일 우리에 대한 그들의 판단이 옳다는 정당성을 위해 우리를 그대로 살게 내버려둔다고 할 수 있다. 만일 우리가옳거나 심지어 옳고자 한다면, 이들은 우리를 참을 수 없을 것이다.

따라서 단순하게 '다른 사람들과 화해한다'는 심정으로 참자. 그들이 우리에 관해 말하고, 칭찬하고, 비난하고, 기대하고, 희망한다고 해도 귀 기울이지 말자. 그들이 우리에 대해 무슨 생각을 하는지 아예 생각도 하지 말자!

자신만의 호수 속으로
뛰어들어가 쾌활함을 얻자

세상에 대해 잘 알지도 못하면서 세상을 포기하는 것, 이것은 무익하다. 어쩌면 암울하기 짝이 없는 고독을 느끼게 될지도 모른다. 이런 고독은 사상가의 명상적인 생활에서 비롯되는 고독과는 전혀 다르다. 사상가는 무언가를 포기하려고 고독을 선택하는 게 아니기 때문이다.

사상가에게는 오히려 실천적인 생활을 참고 견디는 편이 포기와 우울, 파멸을 불러올 수도 있다. 사상가는 이러한 실천적인 생활을 잘 알고, 또 자기 자신을 잘 알기 때문에 그러한 생활을 단념한 것이다. 그렇게 그는 자신만의 호수 속으로 뛰어들어가 쾌활함을 얻는다.

가장 극복하기가 어려운 것이
내 안의 허영심이다

가장 손상되기 쉽고도 극복하기 어려운 것이 바로 우리의 허영심이다. 게다가 이 허영심이란 것은 손상될수록 더욱 커지고 더욱 강력해진다.

　허영심은 진짜인 것, 그러니까 독창적인 것처럼 보이고자 하는 두려움이다. 즉 자부심이 부족한 것이다. 허영심에 사로잡힌 자들은 상품을 진열해놓은 매대와도 같아서 진짜 자기 모습을 숨기기 위해 끊임없이 전시 상품을 바꿔댄다. 즉 타인이 말하는 자신의 특성을 계속해서 정돈하고 숨기거나 밖으로 드러내는 것이다.

명성과 칭찬에 민감해지는
허영심을 제발 버려라

누군가에게 칭찬을 들었을 때 기뻐하는 것은 우리의 허영심 때문이다. 허영심이 없는 사람은 칭찬을 들어도 단지 예의상 기뻐하는 모습을 보일 뿐이다.

평소에는 자기 자신에 만족하는 사람도 병을 앓고 나면 명성과 칭찬에 민감해지는 허영심을 보인다. 이때 그는 병 때문에 자기 자신을 잃어버린 만큼 외부에서 자신을 되찾고 싶어 하는 것이다. 그래서 다른 사람의 의견에서 자신을 찾으려 한다.

왜 당신은 스스로 기만하는 데
주저하지 않는가

자기 의견을 고집하는 이유가 뭘까? 어떤 사람은 자기 스스로 어떤 의견을 냈다는 사실 자체가 뿌듯해서 자기 의견을 고집한다. 또 어떤 사람은 어렵게 무언가를 배워서 이해했다는 사실이 자랑스러워서 자기 의견을 고수한다. 두 경우 모두 허영심에서 비롯된 것이다.

허영심은 자기 만족이다! 허영심이 큰 사람은 실제로 뛰어난 사람이 되기를 바라는 것이 아니라 단지 뛰어나다는 느낌을 원하는 것이다. 이들에게 중요한 것은 다른 사람의 의견이 아니라 다른 사람의 의견에 대한 자신의 의견이다. 그래서 허영심이 큰 사람은 스스로 기만하고 모략을 부리는 데 주저하지 않는다.

어설프게 아는 사람과
잘 아는 사람의 차이점

외국어를 어설프게 아는 사람이 오히려 외국어를 유창하게 구사하는 사람들보다 외국어를 안다는 사실을 더 즐거워한다. 잘 알아듣지 못하면 오히려 대화할 때 조금만 아는 게 들려도 만족하고 기뻐하기 마련이다.

사람이 사물을 보지 못하는 이유는 자신이 사물을 가로막고 서 있기 때문이다. 요컨대 그 자신이 사물을 보는 것을 방해하고 있는 셈이다.

진정 인간다움을 지닌 스승이라면 사랑하는 제자들에게 "자신을 조심하라"고 경고할 것이다.

두려워 말라. 네가 서 있는 곳을 깊이 파내라! 그 아래에 샘이 있다! "그 아래 끝에는 언제나 지옥이 있다!"라고 외치는 몽매한 인간들은 떠들게 내버려둬라.

두 종류의 냉정함이 있다. 정신이 고갈되어 생기는 냉정함과 절제에서 생기는 냉정함을 혼동하지 않으려면 '전자는 기분이 언짢고, 후자는 쾌활하다'는 점을 주의해야 한다.

높은 곳에서 느끼는 따뜻함! 말 그대로 겨울에 산꼭대기는 골짜기에 사는 사람들이 생각하는 것보다 훨씬 더 따뜻하다. 사상가는 이 비유가 뜻하는 바를 잘 알기 마련이다.

폭포가 떨어지기 전 흐르던 물이 더 천천히 맴도는 것처럼, 위대한 사람도 막상 실행을 앞두고는 갈망에 이끌려 돌진하기보다는 더욱 침착하게 행동한다.

깊이 생각하는 사람은 자신이 어떤 결정을 내리든 누군가에게는 부당할 수밖에 없다는 것을 알기에 자신이 하고 싶은 대로 행동하고 판단한다.

젊은이에게 '자신과 똑같이 생각하는 사람'을 '자신과 다르게 생각하는 사람'보다 더 존경하도록 가르친다면, 이는 젊은이를 가장 확실하게 망치는 길이 될 것이다.

Friedrich Wilhelm Nietzsche

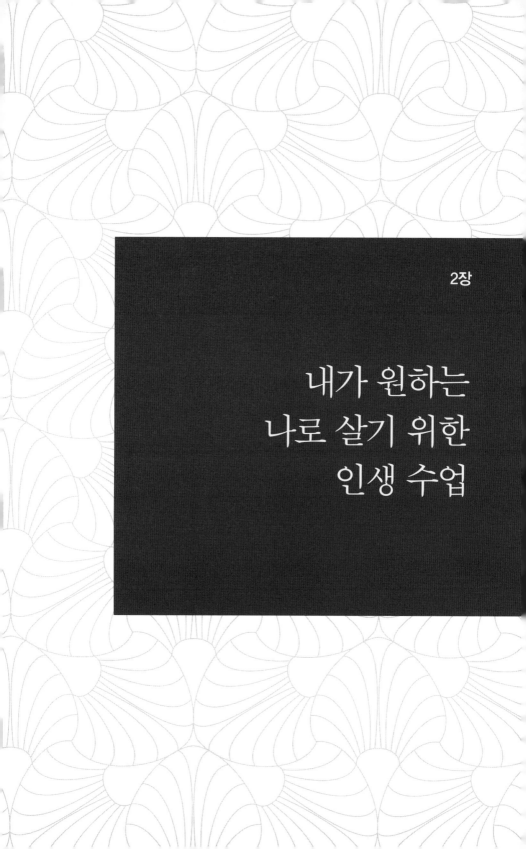

2장

내가 원하는
나로 살기 위한
인생 수업

순종에 집착하는 사람은
지식의 제자가 될 수 없다

어리석기 짝이 없는 순종이란 게 있다. 이는 결코 드문 일도 아니다. 순종에 집착하는 사람은 절대 지식의 제자가 될 수 없다. 이런 종류의 인간은 뭔가 특이한 것을 인지하는 순간 곧바로 발길을 돌려버린다. 그러고는 이렇게 말한다. "네가 착각했어! 네가 잘못 생각한 거야. 도대체 넌 정신을 어디에다 둔 거야! 이게 진실일 리 없어."

이런 사람은 다시 한번 그것을 자세히 들여다보려고 하지 않고, 또 귀를 기울이려 하지 않는다. 대신 그는 기겁해 눈에 띄는 것을 얼른 피해 달아나, 가능한 한 빨리 그것을 머릿속에서 떨쳐내려 한다. 이때 그의 내면에서는 이런 소리가 들린다. "나는 일반적인 견해와 어긋나는 것은 아무것도 보고 싶지 않아! 새로운 진실을 발견하는 것, 그걸 내가 해야 해? 아니잖아! 오랜 진실도 세상에 이미 차고 넘쳐."

대중은 밑바닥을 못 보기에
깊다고 두려워한다

깊은 것과 깊이 있어 보이는 것은 완전히 다르다. 뭔가를 깊이 알고 있는 사람은 명쾌함을 추구한다. 그러나 대중에게 깊이 있는 것처럼 보이고자 하는 사람은 불분명하고 모호한 것을 추구한다. 왜냐하면 대중은 밑바닥을 볼 수 없으면 그것은 모두 깊다고 여기기 때문이다.

대중은 밑바닥을 볼 수 없기에 깊다고 두려워한다. 대중은 밑바닥이 보이지 않기 때문에 깊게 보이는 물속으로 들어가는 것을 아주 싫어한다.

오래된 '신념'이 아닌
자기 의견을 건져라

양어장 주인이 물고기를 소유하는 것과 사람이 자기만의 의견을 정립하는 것에는 비슷한 부분이 있다. 양어장 주인이 물고기를 확보하려면 먼저 낚시하러 가야 하고, 운 좋게 물고기를 낚아야 한다. 그러면 살아 있는 물고기, 즉 자기 의견을 건질 수 있다. 반면 어떤 사람들은 진열장에 물고기의 화석을 넣어두는 것으로 만족하곤 한다. 즉 오래된 '신념'이 있다면 굳이 자기 의견을 찾지 않아도 충분한 것이다.

다른 사람이 지닌 미덕에
지나치게 감탄하지 마라

다른 사람이 지닌 미덕에 지나치게 감탄하면, 자신의 미덕이 지닌 의미를 잃게 되고, 자신의 미덕을 연마하지도 않게 되어 마침내 자신의 미덕 자체를 잃어버리게 된다. 심지어 감탄했던 다른 사람의 미덕을 손에 넣지도 못한 채 말이다.

횃불을 손에 들고 불시에
내 모습을 들여다봐라

사람의 정신은 육체를 따라가기 마련이다. 그러므로 자신의 모습을 있는 그대로 보고 싶다면 횃불을 손에 들고 불시에 들여다봐야 한다.

거울에 비친 자기 모습에 익숙해진 사람은 자신의 추함을 잊어버리기 마련이다. 그러다 화가가 그린 자신의 모습을 보고서야 비로소 자신의 추함을 다시 깨닫게 되는 것이다. 하지만 그 그림에도 익숙해지면 다시 잊게 된다. 요컨대 사람은 자신이 일시적으로 추해진 게 아니라 늘 추한 모습이라면 이를 견디지 못하고 잊어버리거나 사실을 부정한다.

자신을 잃어보는 것도
나를 발견하는 방법이다

자고로 사상가라면 자기 자신을 발견하고서 다시 잃어버리는 경험도 해야 한다. 그래야 잃어버린 나를 다시 발견하는 경험을 할 것 아닌가.

하나의 인격에 영원히 묶여 있는 것은 사상가에겐 매우 불리하게 작용한다. 자신을 잃어보는 것도 방법이다!

시장 사람들이 말하는 것은
과거의 의견일 뿐이다

흘러가는 구름을 보면 머리 위로 부는 바람의 방향을 알 수 있듯이, 복잡하지 않고 자유로운 영혼을 지닌 사람들을 보면 앞으로 그들에게 어떤 날씨가 다가올지 알 수 있다. 반면 계곡에서 부는 바람과 오늘 시장 사람들이 말하는 것은 다가올 미래가 아닌 단지 지나간 것에 관한 의견일 뿐이다.

타인의 가치 평가를
내 것인 양 도용하지 마라

우리는 스스로 가치 평가를 하거나 타인의 가치 평가를 수용하며, 이에 따라 모든 행위를 결정한다. 그런데 대부분의 사람이 타인의 가치 평가를 수용하는 편을 택한다.

우리는 왜 그런 선택을 하는가? 이는 스스로 가치 평가를 하는 것을 두려워하기 때문이다. 그래서 타인의 가치 평가를 마치 스스로 한 것처럼 행세하면서 거기에 익숙해지고, 마침내 자신의 본성마저 바꾸게 된다.

자기만의 고유한 가치 평가를 내린다는 것은 어떤 사안이 다른 누구도 아닌 자신에게 어느 정도의 쾌감 또는 불쾌감을 주는가 하는 관점에서 평가하는 것이다. 하지만 실질적으로 자기만의 관점에서 평가를 내리는 경우는 극히 드물다! 다만 이렇게 타인의 가치 평가를 우리 것처럼 도용하는 배경에는 그 사람에 대한 우리의 가치 평가가 있다. 즉 그 사람의 평가가 믿을 만하다고 우리 스스로 평가한 것이다. 그렇다면 이는 분명 우리 자신이 내린 결정이다. 그렇지 않은가?

다만 이러한 가치 평가는 어린아이 수준에 지나지 않으며, 이것을 다른 관점에서 생각해보는 법을 배우는 경우는 매우 드물다. 우리가 이웃에 대해, 혹은 그의 가치 평가에 대해 판단하는 과정을 살펴보면 이 점이 명백하게 드러난다. 우리는 이웃의 정신이나 지위, 도덕성, 모범적인 면이나 부도덕한 면을 어떻게 판단할 것인지, 이웃의 가치 평가가 존경받을 만한 것인지 판단할 때 익숙한 기준에 따라 판단한다. 이 익숙한 기준이란 대부분 어린 시절에 접해서 평생 써온 것으로 여기에 자기 자신의 판단은 들어 있지 않다. 즉 바보처럼 따라 하기만 하는 셈이다.

위대함과 평온함과 햇빛에는
모든 것이 담겨 있다

위대함과 평온함, 햇빛! 이 세 가지에는 사상가가 원하고 요구하는 모든 것이 담겨 있다. 그의 희망과 의무, 그가 추구하는 지적이고 도덕적인 가치, 그가 원하는 생활양식과 거주하는 지역의 경치까지 말이다.

또한 이 세 가지는 첫째로 기운을 북돋우는 사상, 둘째로 달래고 진정시키는 사상, 셋째로 생각을 밝게 하는 사상과 상응하며, 또한 넷째로 이 세 가지 특성에 모두 관여하고 지상에 있는 모든 걸 미화하는 사상과도 일치한다. 말하자면 기쁨이라는 위대한 삼위일체가 다스리는 세상이라고 할 수 있다.

내면의 움직임은
자연스럽게 일어나야 한다

영혼이란 무엇인가? 사람들은 내면에서 쉽게 일어나고 그에 따른 결과를 기꺼이 우아하게 받아들이는 움직임의 총합을 영혼이라고 부른다. 만약 내면의 움직임이 이처럼 자연스럽게 일어나지 않고 인위적으로 노력해야 하는 사람이 있다면, 그를 영혼이 없는 존재로 간주할 수 있다.

내 한계선 안의 기준으로
세상을 평가하지 마라

눈이 좋든 나쁘든 결국에는 내가 활동하는 범위까지만 보이기 마련이다. 이 한계선으로 단절된 나만의 세계는 크고 작은 숙명이자 가장 친밀한 공간이기도 하다. 우리는 결국 이 숙명에서 벗어나지 못한다. 이렇듯 모든 존재는 자신을 중심으로 하는 독특한 원에 둘러싸여 있다. 우리의 모든 감각은 마치 감옥의 벽처럼 하나의 작은 공간 안에 우리를 고립시킨다. 그렇게 에워싸인 우리는 한계선 안의 기준으로 바깥세상을 평가한다. '이것은 가깝고 저것은 멀다' '이것은 크고 저것은 작다' '이것은 거칠고 저것은 부드럽다'라는 식이다. 이러한 평가를 우리는 느낌이라고 부르는데, 이는 오류 그 자체이다!

우리는 삶의 한 시점에서 평균적으로 할 수 있는 경험과 흥분 정도에 따라 자신의 삶이 짧은지 긴지, 가난한지 부유한지, 충만한지

공허한지를 평가한다. 더 나아가 평균적인 인간의 삶을 기준으로 다른 피조물의 삶까지 평가한다. 이것 역시 오류이다.

만약 우리가 평균보다 100배쯤 확대된 시력으로 가까이서 인간을 관찰한다면 측정할 수 없을 정도로 엄청나게 커 보일 것이다. 즉 우리의 감각기관은 감지하는 대상을 실제보다 크게 인식한다. 우리는 감각기관이 지닌 이러한 특성 때문에 감각의 거짓과 기만에 넘어가며, 이것이 다시 우리의 판단과 '인식'을 이루는 토대가 된다. 우리가 여기서 벗어날 방법은 없으며, 실제의 세계로 빠져나갈 수 있는 구멍이나 샛길도 없다! 마치 자신이 친 그물에 걸린 거미처럼 우리의 감각 안에 스스로 갇힌 것이다. 이러한 상황에서는 오직 그물에 걸린 것만 잡을 수 있을 뿐, 그물 밖에서는 아무것도 잡을 수가 없다.

사고의 영역은 피상적인
자기만족의 영역이다

우리는 실제로 행하고 체험하는 것보다 더 많은 것을 생각할 수 있다. 이를 뒤집어보면 우리가 사고가 피상적인 수준에 그친다는 의미이지만, 정작 우리 자신은 이 점을 깨닫지 못한다. 만약 우리가 자신의 힘과 그 힘을 행사한 정도에 따라 지성을 발전시켰다면, 또한 이를 객관적으로 파악할 수 있었다면 어땠을까? 아마도 '무언가를 이해하려면 실제로 해보아야 한다'는 생각을 최고의 원칙으로 삼았을 것이다.

반면에 사고란 것은 피상적이면서 쉽게 만족을 느끼게 한다. 예를 들어 어떤 사람이 물이 없는 상황에서 몹시 목이 마른다면 어떤 생각을 하게 될까? 그는 마치 물을 얻는 것만큼 쉬운 일이 없는 듯 끊임없이 눈앞에 물이 아른거리는 공상을 하게 될 것이다.

이렇듯 사고란 정작 필요한 욕구를 충족하지는 못하지만 실제로 행하는 것보다 더 많은 일을 할 수 있고, 더욱 빠르며, 눈 깜짝할 사이에 목표에 다다른 듯 보이게 한다. 그렇기에 인간이 사고에만 치중하면 쉽게 자부심을 느끼게 되고, 스스로 더 우월해졌다고 여기게 되는 것이다.

사고의 영역은 행위와 의지, 체험의 영역에 비하면 비교적 제한이 없는 자유의 영역처럼 보인다. 하지만 앞서 말했듯 사고의 영역은 실제로는 피상적인 자기만족의 영역일 뿐이다.

모험가이고 철새인 우리는
대양으로 모험을 떠난다

모험가이고 철새인 우리는 생성의 대양 한가운데, 나룻배보다 크지 않은 작은 섬 위에서 깨어나 가능한 한 빨리 호기심 어린 눈으로 잠시 주위를 둘러본다. 왜냐하면 갑자기 바람이 불어 우리를 날려버리거나, 아니면 파도가 우리가 있는 작은 섬을 휩쓸어버려 아무것도 남지 않을지도 모르기 때문이다. 그러나 여기 이 작은 장소에서 다른 철새들을 발견하고 이전에 여기에 있었던 철새들에 대해 듣는다. 이렇게 우리는 서로 즐겁게 날개를 퍼덕이고, 지저귀며, 짧지만 찰나의 귀중한 시간에 인식하고 추측한다. 그러고는 마음속에 대양 못지않은 거대한 긍지를 품고 대양으로 모험을 떠난다.

성급함이라는 결함은
천재를 길러내는 학교가 된다

행동하는 인간과 사색하는 인간 모두 어느 정도의 성급함은 있다. 그러나 이런 성급함 때문에 실패할 때 이들은 지금까지와는 정반대의 영역으로 움직여서 여기에 열광적인 관심을 쏟고, 새로운 계획을 세운다. 이 영역에서도 성공이 늦어지면 다시 다른 영역으로 떠나겠지만 그때까지는 온 힘을 다한다. 이렇게 이들은 모험을 하면서 많은 영역과 자연을 직접 경험하고 또 방황하게 된다. 그리하여 마침내 엄청난 방황과 연습을 통해 인간과 사물에 대한 지식을 두루 터득하게 되는 것이다. 이렇게 자신이 추구했던 욕구가 어느 정도 완화되면 이들은 강력한 실천가가 될 수 있다. 성급함이라는 성격적인 결함은 이런 방식으로 천재를 길러내는 학교가 된다.

숨기고 있던 제1의 천성을
어느 날 불러내야 한다

우리는 교육을 통해 제2의 천성을 획득한다. 정확하게는 세상 사람
들이 우리가 성숙했다든가, 성년에 달했다든가, 이제 쓸모가 생겼
다고 말할 때 비로소 제2의 천성을 갖게 된다.

　반면 제1의 천성은 대부분 교육 과정에서 아예 싹이 말라 죽어
버린다. 몇몇 소수만이 제1의 천성을 껍질 밑에 숨기고 있다가 어
느 날 성숙한 뱀처럼 허물을 벗어던지고 불러낼 수 있을 뿐이다.

그저 지하에 웅크리고 있는
사람들은 사랑스럽다

사상가들의 서열 중 첫째는 피상적인 사상가들이다. 이들은 사물을 피상적으로만 다룬다. 둘째는 심오한 사상가들, 즉 사물을 깊이 있게 다루는 사상가들이다. 셋째는 사물의 근본을 파고드는 냉철한 사상가들이다. 이는 사물을 깊이 다루는 것보다 훨씬 더 가치 있는 일이다. 마지막으로 진흙탕에 머리를 처박은 사상가들이 있다. 이들은 무언가를 깊이 있게 또는 냉철하게 연구하는 것이 아니라 그저 지하에 웅크리고 있는 사랑스러운 사람들이다.

미래에 대한 무지,
미래를 모르는 것을 사랑하라

"나의 사상이여, 내가 서 있는 곳이 어디인지 나에게 보여다오." 도보 여행자가 그의 그림자에게 말했다. 그리고 덧붙였다. "하지만 내가 어디로 가야 하는지 발설해서는 안 된다. 나는 미래에 관한 무지, 미래를 모르는 것을 사랑한다. 기다리지 못하고 초조해 약속된 일을 미리 엿보아서 미래를 망치고 싶지 않아."

거대한 우주를 보듯이
자신의 내부를 들여다보자

모든 별이 순환 궤도에서 돌고 돈다고 여기는 사상가들은 그리 심오하지 않다. 거대한 우주를 보듯이 자신의 내부를 들여다보는 사람, 그 안에 은하수를 가지고 있는 사람은 모든 은하수가 얼마나 불규칙한지를 깨닫게 된다. 은하수는 인간을 존재의 무질서와 미로 속으로 인도한다.

홀로 서서 나답게 사는 것이
진정한 위대함이다

오늘날에는 고귀해지고자 하는 것, 자기 자신이고자 하는 것, 다른
존재가 될 수 있는 것, 홀로 선다는 것, 자력으로 살아가는 것이 모
두 '위대함'이라는 개념에 속한다. 철학자가 "가장 고독할 수 있는
자, 가장 자신을 잘 숨긴 자, 가장 벗어난 자, 선과 악의 저편에 있
는 자(모든 도덕적 관습과 사고방식에서 벗어난 '초인'을 지칭함—옮긴이),
자기 덕목의 주인인 자, 그리고 의지를 건네는 자가 가장 위대한 자
이어야 한다. 이러한 것이야말로 위대함이라고 부를 수 있기 때문
이다. 마찬가지로 이것은 전체보다 더 다양하고, 가득한 것보다 더
넓을 수 있다"라고 말할 때, 그는 자신의 이상에 내포된 어떤 것을
암암리에 드러낸다.

그런데 다시 한번 물어보자. 오늘날 과연 이러한 위대함이 정말
이룰 수 있는 목표인가?

그가 나를 칭찬했으니
내가 옳다고 생각하지 마라

대개 사람들이 칭찬의 의도에 일치하지 않는 부분에서 칭찬을 늘어놓는 것은 일종의 자기 통제다. 세련되면서 고상하게 자신의 의도를 숨기는 방식인 것이다. 그렇지 않은 경우가 자기 통제가 아닌 경우라면 그냥 자신을 칭찬하고 있는 것이며, 이는 좋은 취향이라 할 수 없다. 자기 통제는 고결한 계기나 동인을 제공하지만 한편으로는 끊임없는 오해를 불러온다. 이러한 취향과 도덕성에 내포된 정신적인 사치를 누리려면 멍청한 정신을 지닌 인간들 사이에서 살아서는 안 된다. 오히려 오해와 실수까지도 세련되게 포장해 즐길 수 있는 사람들 가운데서 살아야만 한다. 그러지 않으면 값비싼 대가를 치러야만 한다! "그가 나를 칭찬했으니 내가 옳다고 생각하는 것이 분명해." 이런 어리석은 추론을 하면 우리의 이웃이나 친구로 어리석은 자를 불러들이게 되고, 우리의 삶을 망치게 된다.

가장 위대한 사상이
가장 위대한 사건을 만든다

우리는 가장 위대한 사건에서 가장 위대한 사상을 찾아내지만 실은 가장 위대한 사상이 가장 위대한 사건을 만들어내는 것이다. 우리는 이를 가장 늦게 이해하게 된다. 이러한 사상이 펼쳐졌던 동세대인들은 이러한 사건을 경험하지 못하기에 그 사상을 스쳐 지나간다. 이때 별들의 세계에서 일어나는 것과 같은 어떤 일이 일어난다. 가장 멀리 떨어진 별빛이 인간에게 가장 늦게 도달하는 것이다. 그 별빛이 도달하기 전에 인간은 그곳에 별이 있다는 것을 부정한다.

"하나의 정신을 이해하는 데에는 몇 세기가 필요할까?" 사상과 별빛이 그러했든 새로운 가치 체계를 수립하고 예법을 만들어내는 데도 같은 척도가 쓰인다.

대중과 함께하는 사람은 언젠가는 대중의 적이 된다

그는 지금까지 대중과 함께했고, 대중을 찬양하는 사람이었다. 그러나 그도 언젠가는 대중의 적이 될 것이다. 왜냐하면 그는 자신의 게으름을 대중이 봐줄 것이라는 믿음으로 대중을 따르기 때문이다.

그는 대중이 절대 게으르지 않다는 사실을 아직 겪어보지 못했다. 대중은 항상 앞으로 나아간다. 대중은 멈춰 서 있는 자를 그 누구도 용납하지 않는다. 그런데 그는 멈춰 서 있기를 좋아한다.

대중을 움직이려는
사람은 배우 행세를 하며 산다

대중을 움직이려는 사람은 스스로 배우 행세를 해야 할까? 자기 자신을 우선 괴상하고 우스꽝스러운 모습으로 변화시킨 후 자신의 인격과 자신에게 관련된 모든 것을 조잡하고 단순한 모습으로 무대 위에 올려야만 할까?

내가 내 족쇄를 없애고자 하면
사람들은 그걸 비웃는다

네가 어떤 체험을 하든 너를 좋아하지 않는 사람들은 거기서 헐뜯을 계기를 찾아낼 것이다! 설령 네 마음과 인식에 대한 가장 심오한 변혁을 거쳐서 이제 막 회복하는 병자처럼 고통스러운 미소를 머금은 채 밝은 고요함 속에서 진정한 자유에 도달한다고 해도 이런 너를 보며 누군가는 이렇게 말할 것이다. "저 남자는 자기의 병을 논거로 삼고, 자기의 무력함을 모든 사람이 무력하다는 증거로 여긴다. 그가 저리도 병든 것은 스스로 다른 누구보다 더 괴로워하고 있다고 여기기 위해서다. 그는 그만큼 허영심이 강한 사람이다." 그리고 누군가는 족쇄를 부수다가 깊은 상처를 입었다고 할 것이다.

이를 들은 다른 사람은 어쩌면 비웃으며 이렇게 덧붙일지도 모른다. "멍청하니까 그렇지. 자기가 찬 족쇄에 이미 익숙해졌는데, 그걸 부술 생각을 한 어리석은 인간은 결국 저렇게 된다니까!"

하루밖에 못 산다는
걱정이 훌훌 나는 나비에겐 없다

나비 한 마리가 홀로 바위로 된 해안가를 날아다녔다. 이 해안가에 는 좋은 식물들이 많이 자란다. 나비는 자신이 하루밖에 살지 못한 다는 걱정도 없고, 또 자신의 허약한 날개에 밤은 너무 차가울 거라 는 걱정도 없이 이리저리 날아다닌다. 이런 모습에서 나의 철학은 아니어도 나비를 위한 철학을 찾을 수 있을 것이다.

불쌍한 대장을 따라가는
불쌍한 양이 되지 마라

정당에서 발휘되는 용기의 정체는 비유하자면 이런 것이다. 불쌍한 양들은 자신을 이끄는 대장에게 이렇게 말한다. "항상 앞장서서 가기만 해. 그러면 우리는 용기를 잃지 않고 너를 따를 거야." 반면 불쌍한 대장은 이렇게 생각한다. '항상 나를 따라오기만 해. 그러면 나는 용기를 내서 너희를 이끌 수 있을 거야.'

어려서도 커서도 사람들은
자신에 대해 편파적이다

대개 사람들은 어릴 때부터 자신에 대해 편파적이다. 꾸중을 들을 때는 그것이 진실이라 여기면서 칭찬을 받을 때는 바보 같은 말이라고 생각한다. 그래서 커서도 칭찬을 과소평가하고 비난을 과대평가하는 경향이 있다.

우월하고 뛰어난 사람은
평범함이라는 가면을 쓴다

평범함이란 우월한 정신을 지닌 사람이 사용할 수 있는 가장 행복한 가면이다. 왜냐하면 이 가면은 대중에게, 즉 평범한 사람들에게 그것이 가면이라는 느낌을 주지 않기 때문이다. 더구나 뛰어난 정신을 지닌 사람은 바로 이런 평범한 사람들 때문에 평범함이라는 가면을 쓴다. 말하자면 평범한 사람들을 자극하지 않기 위해서이다. 하지만 동정과 선의에서 그러는 경우도 적지 않다.

여론이라는 옷을 걸치고서야
무엇이 되는 사람들

대부분의 사람은 보편적인 신념과 여론이라는 옷을 걸치기 전까지는 아무것도 아니며, 또 그 무엇으로도 여겨지지 않는다. 재봉사의 철학에 따르면 '옷이 날개'이기 때문이다. 그러나 예외적인 사람들에 대해서는 틀림없이 "이 사람이야말로 옷을 돋보이게 한다"라고 말했을 것이다. 여기서 이런 의견은 공공성이 없고 가면, 화장이나 변장과 다르다.

나의 본질이야말로
내 생각과 판단의 원인이다

우리는 원칙과 학설이 우리의 성격을 형성하고, 흔들리지 않도록 안정성을 주리라 생각해서 무의식중에 자신의 기질에 맞는 원칙과 학설을 찾으려 한다. 그러나 사실은 정반대다. 생각과 판단이 우리의 본질을 형성하는 것처럼 보이지만, 실제로는 우리의 본질이 이렇게 생각하고 판단하게 하는 원인인 것이다.

그렇다면 우리는 무엇 때문에 무의식적으로 이런 코미디를 하게 되는 것일까? 그것은 우리가 태만하고 안이하며, 본질과 사고를 형성하는 데 있어서 일관성 있게 허영심에 휘둘리기 때문이다. 이런 것들은 사람들의 존경을 얻게 해서 신뢰와 권력을 제공하기 때문에 쉽사리 뿌리치기가 어렵다.

독립적인 존재로 나아가는
새로운 발걸음을 떼라

어떤 견해는 마음에 품는 것만으로도 치욕스러운 취급을 당하곤
한다. 그러나 이러한 견해를 입 밖으로 꺼내려고 시도하는 것 자체
가 독립적인 존재로 나아가는 새로운 발걸음이 될 수 있다.

친구와 지인들도 당신의 그런 견해를 두려워할 테지만, 타고난
재능을 지닌 사람은 이러한 치욕의 불길도 헤쳐 나가야 한다. 그러
면 훨씬 더 많은 것들을 자신의 안에 품을 수 있다.

한번 어떤 인상을 받으면
여기에 몰입하는 사람들

한번 어떤 인상을 받으면 여기에 몰입하는 사람들이 있다. 일반적으로 이런 장점이 있는 사람을 가리켜 '깊이가 있다'라고 표현한다.

이런 사람은 어떤 갑작스러운 일이 벌어져도 비교적 침착하고 단호하다. 왜냐하면 그런 일이 벌어진 첫 순간에는 그가 받은 인상이 아직 피상적이며, 시간이 지나고 나서야 비로소 깊어지기 때문이다. 그리하여 오랫동안 예상하고 기대했던 어떤 사물이나 인물이 드디어 이들 눈앞에 나타날 때면 이들은 흥분한 나머지 마음의 평정을 유지할 수 없게 된다.

높은 수준의 교양을 쌓을수록
모든 것이 흥미롭게 보인다

인간은 더 높은 수준의 교양을 쌓아갈수록 모든 것이 흥미롭게 보인다. 어떤 사안의 교훈적인 면을 재빨리 파악하고, 사고의 틈새가 교양으로 채워질 수 있다는 점과 교양으로 사상을 뒷받침할 수 있다는 점을 제시할 줄 알게 된다. 그리고 점점 지루함은 사라지고, 지나치게 흥분하는 감정도 사그라진다. 마침내 식물들 사이로 다가가 연구하는 자연과학자처럼 스스로 사람들 틈에 들어가 자신의 인식 충동을 강하게 자극하는 어떤 것을 하나의 현상으로 인정한다.

나는 사자와 독수리를
곁에 두고 싶다

나는 사자와 독수리를 곁에 두고 싶다. 그러면 이들로 인해 내 힘이 얼마나 강한지 아니면 얼마나 미약한지를 언제든지 가늠할 수 있고, 또 미리 파악할 수 있다.

오늘 내가 이들을 멸시하듯 내려다보아야 할까, 아니면 두려워해야 할까? 그리고 이들이 나를 우러러보고 나를 두려워하는 시간은 다시 올까?

우리가 할 수 있는 최선은
스스로 주인이 되는 것이다

미래에 어떤 것이 현재의 도덕적인 감정과 판단을 대체하게 될지 그 누가 설명할 수 있겠는가! 설령 지금 우리가 쌓고 있는 건축물이 기초부터 완전히 잘못되었고, 수리하는 것도 불가능하다고 확신했다고 하자. 그렇더라도 이성의 구속력이 저하되지 않는 한, 이러한 사실을 받아들이지는 않을 것이다.

물론 이성의 구속력은 날이 갈수록 점차 감소할 수밖에 없다. 삶과 행위의 법칙을 새로 세우는 과제를 수행하기에는 생리학, 의학, 사회학 그리고 고독학이라 불리는 우리의 학문이 아직 충분한 확신을 얻지 못했다.

그렇지만 우리는 이러한 학문에서 새로운 이상 그 자체까지는 아니더라도 새로운 이상을 취하는 초석들을 얻을 수 있다. 이렇게 우리는 각자의 취향과 재능에 따라 선구적인 존재로 살거나, 아니면 뒤쫓아가는 존재로 살고 있다. 따라서 이러한 과도기에 우리가 할 수 있는 최선은 스스로 주인이 되거나, 혹은 그런 존재가 되려고 노력하면서 작은 실험 국가들을 건설하고 거듭해서 새로운 시도를 하는 것이다.

자신의 이상을 부정함으로써
최고의 경지에 이르기도 한다

예외적인 일이지만, 자신의 이상을 부정함으로써 비로소 최고의
경지에 이르기도 한다. 이는 지금까지 그가 지닌 이상이 자신을 너
무 몰아세워서 그때마다 트랙의 한가운데서 숨이 막혀 멈춰 서 있
어야 했기 때문이다.

걸어가는 나그네여,
심연 아래서 뭘 찾았는가?

걸어가는 나그네여, 당신은 누구인가? 나는 비웃음도 사랑도 없이, 무슨 생각을 하는지 알 수 없는 눈으로 제 갈 길을 걸어가는 당신의 모습을 바라본다. 심연 안에 있는 것들에 만족하지 못하고 다시 밝은 햇빛 속으로 올라오는 측연(굵은 줄의 끝에 매달아 바다의 깊이를 재는 데 쓰는 납덩이로 된 기구 - 옮긴이)처럼 당신은 축축이 젖은 측은한 모습으로 걸어가고 있다. 거기 심연 아래서 무엇을 찾았는가? 당신은 가슴으로 탄식하지 않고, 입술로 구토를 감춘 채, 가까스로 뭔가를 천천히 잡으려는 듯한 손동작을 하며 걸어가고 있다. 당신은 누구인가? 당신은 무엇을 해왔는가?

살고 있는 현재의 시대에서
한 번쯤 멀리 떨어져보자

자신이 살고 있는 현재의 시대에서 한 번쯤 비교적 멀리 떨어져보는 것! 말하자면 자기가 살고 있는 현시대의 해변에서 과거의 세계관인 대양으로 되돌아가보는 것!

이렇게 해보면 매우 유익하다. 대양에 서서 해안 쪽을 바라보면 그제야 처음으로 해안 전체의 모습을 볼 수 있게 된다. 그러고 나서 다시 해안으로 다가오면 단 한 번도 해안을 떠난 적 없는 사람들보다도 해안 전체를 훨씬 더 잘 이해할 수 있다는 장점이 있다.

삶의 다양한 상황에서 들리는
낮은 목소리에 귀를 기울여라

일반적으로 인간은 살면서 자신이 처한 상황과 사건에서 어떤 마음가짐의 자세, 즉 어떤 종류의 견해를 얻으려고 노력한다. 사람들은 이를 가리켜 고상하게 '철학적 자세'라고 표현한다.

그러나 정말 인식을 풍부하게 하고 싶다면 이러한 방식으로 자신을 획일화할 게 아니라 살면서 부딪히는 다양한 상황에서 들리는 낮은 목소리에 귀를 기울이는 편이 나을 것이다. 바로 이런 데서 훨씬 더 가치 있는 자기만의 독자적인 견해가 비롯되기 때문이다. 인간은 자신을 고정된 개인으로 보지 않고 많은 사람의 삶과 본질에 관여하려 할 때 발전할 수 있다.

위엄은 많은 사람들이
자신을 위장하는 방식일 뿐이다

의식, 직위와 신분을 나타내는 의상, 진지한 얼굴, 엄숙한 표정, 느린 걸음걸이, 완곡한 말투…. 우리는 이러한 것들을 위엄이라고 부른다. 하지만 이는 근본적으로 겁 많은 사람들이 자신을 위장하는 방식일 뿐이다. 이런 것으로 위장해 자기 자신 또는 자신을 대표하는 것을 두려워하게 만들려는 심산인 것이다.

이와 반대되는 부류가 '두려움이 없는 사람'인데, 이론의 여지없이 남을 두렵게 만드는 무서운 존재라면 애초에 이런 위엄과 의식이 필요하지 않기 때문이다. 이들은 거리낄 것이 없어 솔직하게 직선적으로 말하기 때문에 좋은 평판을 듣기도 하지만, 그런 호평보다는 끔찍하다는 악평을 더 받는다.

본성이 강한 사람과
본성이 나약한 사람의 차이

본성이 강한 사람은 잔인한 성향이 없다. 또한 이들은 자신에게 몰두하지 않을 때면 무의식적으로 우아함을 추구하는 특징이 있다.

반면에 본성이 나약한 사람은 가혹한 판단을 내리기를 좋아한다. 이들은 인간을 경멸하는 영웅들이나 종교적 또는 철학적으로 존재를 깎아내리는 사람들과 어울린다. 그렇지 않으면 엄격한 윤리와 고통스러운 '인생의 소명' 뒤에 숨어 은둔하기도 한다. 이들을 무의식적으로 이런 방식을 택해 일관된 성격과 강함을 만들어 내고자 하는 것이다.

나에 대한 잘못된 생각을
바로잡으려 하지 않는 이유

A: 자네는 왜 자신을 변호할 생각을 하지 않는가?

B: 나는 분명 이런 상황에서도, 또 수백 가지 다른 경우에서도 나 자신을 변호할 수 있네. 하지만 나는 변호에 숨겨진 기쁨을 경멸해. 왜냐하면 변호가 필요한 그런 일들이 내게는 그다지 중요하지 않거든. 속 좁은 사람들에게 음흉한 기쁨을 주느니 차라리 오점을 몸에 붙이고 다니는 게 더 낫지. 만약 내가 변호한다면 속 좁은 사람들은 이렇게 말하면서 기뻐하겠지. '그는 이런 일들을 매우 중요하게 생각하는군!' 그러나 이것은 전혀 사실무근일세! 나에 대한 잘못된 생각을 바로잡는 것이 내 의무라 하면, 나는 나 자신을 더 중요시해야겠지. 그러나 나는 나에 대해 무관심하고, 무성의해. 또한 나로 인해 어떤 일이 벌어지든 상관없어.

인생의 위험한 순간을 이용해
진리에 눈을 떠라

어떤 사람이나 사태가 우리 자신과 우리가 가장 사랑하는 사람의 재산과 명예 그리고 생명을 위험하게 만들 때, 우리는 상대를 기존과는 전혀 다르게 인식하게 된다.

하지만 우리는 비교적 안전하게 살고 있기에 인간에 대해 정통하기가 어렵다. 물론 이런 주제를 좋아해서, 혹은 심심해서, 혹은 습관적으로 인간을 연구하는 사람도 있을 것이다. 그러나 이들이 언제나 "인식하라. 그렇지 않으면 너는 반드시 파멸하리라!"라는 식으로 절박하게 연구하는 것은 아니다. 그러니 인생의 위험한 순간을 이용해 진리에 눈을 떠라!

견뎌야 할 위험이 많은 곳에서
오히려 편안함을 느끼다

A: 다른 사람들은 불쾌해지고, 나약해지고, 으깨졌다네. 마치 벌레가 된 것처럼. 이들은 정말로 반쯤 물어뜯기고 나서야 겨우 일반적이고 도덕적인 회의에서 벗어날 수 있지. 반면에 나는 이전보다 더 용감하고 더 건강해져서 다시 본능을 되찾았다네. 그 본능에 따라 그곳에서 벗어날 수 있었지. 나는 천성적으로 매서운 바람이 부는 곳, 높은 파도가 이는 바다, 견뎌야 할 위험이 적지 않은 곳에서 편안함을 느끼거든. 나는 벌레처럼 자주 일하고, 벌레처럼 깊이 파고들어야 했지만, 벌레가 되지는 않았다네.

B: 자네 스스로 이렇게 부정하다니. 이제 정말 더는 회의론자가 아니군!

A: 그렇지. 그리고 나는 부정하는 동시에 다시 '예'라고 긍정하는 법을 배웠다네.

다른 사람들 틈에 끼어
다른 사람을 위해 살지 마라

우리 시대에도 여전히 호의와 친절이 좋은 인간을 만든다고 하자. 그러나 여기에 '단, 그가 먼저 자기 자신에게 호의적이고 친절하다는 사실이 전제될 때!'라는 사실을 덧붙여야만 한다. 그렇지 않으면, 즉 그가 자기에게서 도망치고, 자기를 증오하고, 자기에게 해를 가한다면 분명 그는 좋은 인간이 아니다. 이렇게 되면 그는 자신에게서 도망친 자신을 다른 사람들 속에서만 구출하게 되는 셈이 된다. 그리고 이때 다른 사람들은 그가 겉으로 호의적으로 보여도 그가 해를 입지 않도록 해야만 한다. 그런데 사람들은 지금까지 바로 이렇게 자기에게서 도망치고, 자기를 증오하며, 다른 사람 틈에 끼어 다른 사람을 위해 사는 것, 바로 이런 것을 '이타적인 것'이고, 따라서 '좋은 것'이라고 불러왔다!

인식하고 평가하고 싶은 것이 있다면, 적어도 한동안 이것들과 떨어져 있어야만 한다. 도시를 떠나야 비로소 집 위로 솟은 탑이 얼마나 높은지 볼 수 있는 법이다.

만사를 심각하게 생각하는 것은 아주 불편한 특성이다. 이러한 특성은 항상 긴장해서 두 눈을 크게 뜨고 있게 만든다. 그로써 자신이 원하는 것보다 더 많은 것을 발견하게 된다.

한 인간이 살아가는 내내 저항하고, 문 앞을 가로막고 책임을 물으면, 이는 틀림없이 영향력을 행사하는 것이다. 그가 이런 의도였든 아니든 상관없다. 여기서 핵심은 그가 그것을 할 수 있다는 것이다.

자신만의 사상을 세우려면 적어도 매일 3분의 1의 시간을 내서 열정을 발휘하고 인간을 탐구하며 책을 읽는 데 써야 한다. 그러지 않고서 어떻게 사상가가 될 수 있겠는가?

자기 의견을 바꾸는 일은 어떤 본성을 지녔느냐에 따라 그 무게가 달라진다. 누군가는 옷을 바꿔 입는 것처럼 신중하게 결정하는 반면, 다른 누군가는 허영심이 요구하는 대로 쉽게 바꿔버린다.

다른 사람을 판단하려 하지 않고, 그 사람에 대해 생각하는 것을 아예 거부하는 것은 때로 결코 적잖은 인간성의 표시가 된다. 흔치 않은 기권인 것이다.

뱀은 허물을 벗지 못하면 죽는다. 마찬가지로 의견을 바꾸지 못하게 하는 정신은 죽은 정신이다.

한 사람이 어떤 존재였는지는 그가 지닌 재능이 사라져갈 때, 즉 그가 할 수 있는 것을 보여주지 못하게 될 때 드러나기 시작한다. 재능이란 일종의 장식이다. 그리고 장식도 일종의 은폐이다.

Friedrich Wilhelm Nietzsche

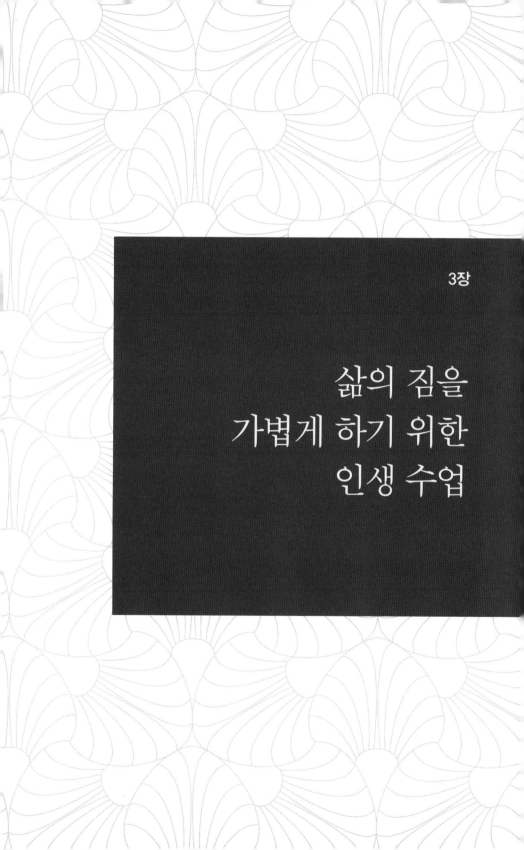

3장

삶의 짐을
가볍게 하기 위한
인생 수업

삶의 모든 과정을 이상화하면
삶의 짐이 가벼워진다

삶의 짐을 가볍게 해주는 좋은 방법은, 삶의 모든 과정을 이상화하는 것이다. 이상화란 무엇인지 그림을 예로 들어 설명하자면 이렇다.

화가는 관람자가 너무 예리한 눈으로 너무 면밀하게 그림을 보지 않길 바란다. 화가들은 그림에서 일정 거리를 두고 물러나 관람할 것을 권고한다. 화가는 관람자와 그림 사이에 필요한 일정 거리를 고려해서 그림을 그린다. 화가는 그림을 보는 관람자들의 예리한 시각까지도 고려한다. 화가는 이러한 점을 결코 간과해서는 안 된다.

화가와 마찬가지로, 삶을 이상화하고 싶다면 그 삶을 너무 자세히 보려고 하지 말라. 그리고 일정 거리를 두고 삶을 바라보라. 괴테(근현대 독일의 가장 위대한 문인 - 옮긴이)는 이런 방법을 잘 알고 있었다.

당신 자신에 대해 감탄하고,
이 골목에서 사시오

현자가 바보에게 "행복으로 가는 길이 어떤 것이오?" 하고 물었다.
그러자 바보는 마치 가장 가까운 도시로 가는 길이 어디냐는 질문
을 받은 것처럼 한 치의 망설임 없이 대답했다. "당신 자신에 대해
감탄하시오. 그리고 이 골목에서 사시오."

"잠깐만요." 현자가 말했다. "요구가 너무 지나친 것 아니오. 난
이미 나 자신에 대해 충분히 감탄했단 말이오." 그러자 바보가 이
렇게 대꾸했다. "어떻게 사람이 끊임없이 경멸하지 않고, 끊임없이
자기 자신에게 감탄할 수 있소?"

새로운 삶을 살기 위한
두 가지 원칙

새로운 삶을 살기 위한 두 가지 원칙은 다음과 같다.

첫 번째 원칙은 삶의 목표로 가장 확실한 것과 가장 잘 증명할 수 있는 것을 설정해야 한다는 것이다. 지금까지 그랬던 것처럼 가장 먼 것, 가장 불확실한 것, 지평선의 구름과 같은 것을 삶의 목표로 좇아서는 안 된다.

두 번째 원칙은 삶의 우선순위를 정해서 앞으로 나아갈 방향을 정하라는 것이다. 최종적으로 방향을 정하기 전에 자신에게 더 가깝고 확실한 것이 무엇인지 순위를 확실히 해야 한다.

우리는 꽃, 잔디와 나비를
좀 더 가까이해야 한다

우리는 꽃, 잔디와 나비를 좀 더 가까이해야 한다. 이들보다 너무 키가 크지 않은 어린아이들이 꽃, 잔디와 나비를 가까이 대하듯이 말이다. 반면에 우리 성인들은 너무 키가 크기 때문에 이들과 가까이 하려면 몸을 낮추어야 한다. 어쩌면 키가 큰 우리가 잔디에 사랑한다고 고백한다면 잔디는 우리를 증오할지도 모른다. 따라서 좋은 모든 것에 관여해 일부가 되고 싶다면, 때로는 작아지는 기술도 알아야만 한다.

곤경에 처했을 때야
어떤 개인의 필요성을 실감한다

우리는 어떤 사람이 죽고 난 후 오랜 시간이 흐른 뒤에야 비로소 그가 없다는 사실을 절감하게 된다. 아주 위대한 인물이라면 수십 년이 지난 후에야 그렇게 느끼게 될 것이다. 일반적으로 정직한 사람은 어떤 사람의 죽음을 마주할 때 너무 섭섭해하지 않는다. 도리어 장황하게 조문을 읽는 자를 위선자라고 생각한다. 사람들은 곤경에 처했을 때 비로소 어떤 개인이라는 존재의 필요성을 실감하게 된다. 그러므로 '늦은 탄식'은 제대로 된 묘비명이라고 할 수 있다.

그에게 행복에 이르는
길을 제시하지 마라

한 사람이 행복해지길 바란다면 그에게 행복에 이르는 길을 제시해서는 안 된다. 왜냐하면 개인의 행복은 타인은 알 수 없는 자신만의 법칙에서 비롯되기 때문이다. 외부에서 제시하는 해결법은 오히려 그 사람의 행복을 방해하고 저지할 뿐이다.

이 세 사람과 단 한 번이라도
달랐던 적이 있는가

태양이 모습을 드러내는 순간에 방 밖으로 나와서는 "나는 태양이 떠오르길 원해"라고 말하는 사람이 있다면 우리는 비웃을 것이다. 굴러가는 바퀴를 멈추지 못한 사람이 "나는 바퀴가 굴러가길 원해"라고 말하면 우리는 비웃을 것이다. 싸움에 패해서 바닥에 널브러진 사람이 "여기에 좀 누워 있어야겠다. 하지만 내가 원해서 누워 있는 거야"라고 말한다면 우리는 비웃을 것이다.

우리가 이 세 사람을 비웃는 이유는 어쩔 수 없는 일을 스스로 원하는 일로 포장해서 체면을 차리려 하기 때문이다. 그런데 우리가 "나는 원해"라고 말할 때는 어떠한가? 당신이 정말 단 한 번이라도 이 세 사람과는 달랐던 적이 있는가?

마주 오는 바람에 맞선 후에야
알게 되는 것들

찾는 일에 힘들어 지치고 난 후 나는 발견이라는 의미를 제대로 알게 되었다.

마주 오는 바람에 맞선 후에야 나는 모든 바람을 이용해 항해할 수 있게 되었다.

나는 나만을 위한
태양을 만들고 싶어

A: 내가 당신을 제대로 이해한 걸까? 그러니까 지금 현실 세계의 한복판에서 당신이 앉을 모퉁이와 별이 어디 있는지 찾는다고? 네가 햇빛을 받으며 누워 있을 곳이 어디인지, 넘치는 행복을 느끼고 당신의 생존의 정당성을 확보할 수 있을 곳이 어디 있는지, 그걸 찾는다는 말이지? 그런데 어쩌면 당신은 내게 '이것은 각자가 스스로 풀어야 할 문제야'라고 대답할 것 같아. '일반적인 것에 대한 의견, 다른 사람과 사회를 위한 염려. 이런 것은 생각하지 마! 마음속에서 지워버려'라고 말이야.

B: 나는 더 많은 것을 원해. 나는 찾는 자가 아니거든. 나는 나만을 위한 태양을 만들고 싶어.

지금 내가 행하는 것 또는
그만둔 것의 놀라운 가치

앞으로 일어날 모든 것의 처지에서 보면, 지금 내가 행하는 것 또는 그만둔 것은 과거에 있었던 가장 위대한 사건만큼이나 중요하다. 결과를 이런 거대한 관점으로 보면 일어나는 모든 행동은 크든 작든 똑같다.

나 자신을 더는
부끄러워하지 않는다

당신은 무엇을 믿는가? "모든 사물의 중요성을 새로 규정해야 한
다는 것을 믿는다."

당신의 양심이 말하는 것은? "내 양심은 '너는 너 자신이 되어
라'고 말한다."

당신의 가장 큰 위험은 어디에 있는가? "동정에 있다."

당신은 다른 사람의 무엇을 사랑하는가? "나의 희망을 사랑한다."

당신이 나쁘다고 생각하는 사람은 누구인가? "언제나 남을 모욕
하려는 자들이다."

당신에게 가장 인간적인 것은 무엇인가? "타인의 수치심을 덜어
주는 일이다."

당신이 이룩한 자유의 징표란 무엇인가? "나 자신을 더는 부끄
러워하지 않는 것이다."

인간들이 뜨고 질 때의 모습은
해처럼 아름답지 않을까

왜 자연은 인간이 빛나는 것조차 허용하지 않을 정도로 인간에게 인색할까? 인간의 내면에 넘치는 빛의 양에 따라 어떤 사람은 많이, 또 어떤 사람은 적게 빛나도록 해야 하지 않을까? 그리고 왜 위대한 인간들이 뜨고 질 때의 모습은 해처럼 그리 아름답지 않을까? 그랬더라면 사람들의 모든 일생이 애매하지는 않았을 텐데!

어떤 잠이든 제때 자는 게
지혜의 정수이다

피곤하고 기운이 없을 때 회복하려면 어떻게 해야 할까? 누군가
는 도박장으로 갈 테고, 누군가는 교회로 갈 것이다. 누군가는 전
기치료를 권할지도 모르겠다. 친애하는 우울증 환자 여러분, 가장
좋은 방법이자 앞으로도 계속 그럴 방법을 알려주겠다. 말 그대로
든 아니면 비유적이든 간에, 많이 자라! 그로써 자신의 아침을 맞
게 되리니! 어떤 종류의 잠이든 제때 자는 것, 바로 이것이 지혜의
정수이다.

짊어진 인생의 짐이 무겁다면
오히려 그 짐을 더 늘려라

당신이 짊어진 인생의 짐이 너무 무거워지는가? 그렇다면 인생의 짐을 더 늘려야 한다. 인생의 짐에 눌려 레테(그리스 신화 속 죽음의 강 또는 망각의 강 - 옮긴이)를 찾아의 죽음을 갈망하게 되면 영웅이 되어 자신을 찾을 수 있다.

나의 고통을 일컬어
'개'라고 부르는 이유

나의 고통을 일컬어 나는 '개'라고 부르기로 했다. 나의 고통은 여느 다른 개처럼 충성스럽고, 귀찮게 굴고 뻔뻔하지만, 재미있고 영리하다. 나는 그 개를 야단칠 수 있고, 기분이 안 좋으면 그 개에게 화풀이를 할 수도 있다.

아무것도 생각하지 않는
도덕을 나는 사랑한다

나는 근본적으로 "이것을 하지 마라! 포기해라! 자기 자신을 극복해라!"와 같이 말하는 모든 도덕을 싫어한다. 이와 반대로 나는 어떤 일이든 행하도록 촉구하는 도덕, 이른 아침부터 저녁까지 어떤 일을 다시 반복해서 행하도록 촉구하는 도덕, 그리고 밤에는 그것을 꿈꾸라고 촉구하고, 오로지 이것을 잘하도록 하는 것 외에는 아무것도 생각하지 않는 도덕, 나는 그러한 도덕을 사랑한다. 그렇게 살다 보면 그러한 삶에 속하지 않는 것들은 차례대로 하나씩 사라지게 된다.

스치는 바람에도 나무에서 떨어지는 누런 잎들처럼 증오나 반감도 없이 오늘은 이것이, 내일은 저것이 자신에게 이별하는 것을 보게 될 것이다. 그러나 그의 눈은 옆도 뒤도 아래도 아닌 오직 목표를 향해 앞만 보느라 이것들이 떠나는 것조차 보지 못할 수도 있다.

우리의 행위는 포기해야
할 것을 결정한다

"우리의 행위는 포기해야 할 것을 결정한다. 우리는 행하면서 포기한다." 나는 이 표현을 아주 좋아한다. 이것이 나의 신조, 즉 '플라시툼(Placitum, 원칙-옮긴이)'이다. 그러나 나는 눈을 크게 뜨고 나의 가난함을 위해 노력하고 싶지는 않다. 왜냐하면 나는 부정적인 모든 덕목을 싫어하기 때문이다. 이러한 덕목의 본질은 바로 '부정'과 '자기 포기' 그 자체이다.

모든 것을 빼앗기고 나서야
나의 고유한 것을 알게 되다

언젠가 삶이 완전히 강탈하듯 우리의 명예, 기쁨, 가족과 건강 등
모든 소유물을 모조리 빼앗아버린다면 아마 우리는 처음에는 경악
할 것이다. 하지만 이후 놀람에서 깨어나보면 전보다도 훨씬 풍족
해진 자기 자신을 발견할 것이다. 왜냐하면 그제야 비로소 어떠한
강도의 손길도 닿을 수 없는 자신의 고유한 것이 무엇인지를 처음
으로 알게 되기 때문이다. 이렇게 우리는 어쩌면 모든 약탈과 혼란
속에서도 대지주로서 품위를 지키며 빠져나올 것이다.

소망은 뭔가 쾌유되고 있으며
나아지고 있다는 징후다

"언젠가는 분명히 온다. 고통 없는 금빛 구름이 너를 감싸는 순간이. 그때 영혼이 노곤함을 즐기고, 끈기 있게 인내하며 행복하게 놀이하듯 즐기는 모습은 마치 호수의 물결과 같다. 어느 조용한 여름날 찬란한 저녁 하늘을 받아 끝도 목적도 싫증도 욕구도 없이 강가에 출렁이다가 다시 잠잠해지는 그런 물결. 또한 이것은 변화를 기뻐하는 완전한 평온이며 자연의 맥박이다."

이는 모든 환자가 느끼는 감정이고 그들이 하는 말이다. 그러나 이러한 순간에 이르면 아주 잠깐 동안 즐거움을 느끼고, 뒤이어 지루함이 찾아온다. 하지만 이 지루함이 얼어붙은 의지를 녹이는 봄바람이다. 의지는 깨어나 움직이고, 다시금 차례대로 소망을 낳는다. 소망은 뭔가 쾌유되고 있으며 나아지고 있다는 징후다.

고통 속에서도
많은 지혜가 담겨 있다

쾌락과 마찬가지로 고통 속에서도 많은 지혜가 담겨 있다. 고통도 종족을 보존하기 위한 중요한 힘에 속한다. 만일 고통에 그러한 힘이 없었더라면 오래전에 사라졌을 것이다. 고통이 아프게 하는 것은 고통에 대한 반박이 아니라, 고통이라는 본질이다.

고통 가운데 나는 선장이 내리는 명령을 듣는다. "돛을 올려라!" 대범한 선원인 '인간'은 수많은 종류의 돛을 조정하는 기술을 습득해야만 한다. 그렇지 않으면 그는 순식간에 목숨을 잃고 바다에 삼켜질 것이다.

또한 줄어든 에너지로 사는 법도 배워야 한다. 고통이 안전 신호를 보내자마자 시간은 즉각 에너지를 감소시킨다. 어떤 큰 위험, 이를테면 폭풍이 닥칠 때면 우리는 가능한 몸집을 가장 작게 만든다.

그러나 큰 고통이 닥쳐오고 있을 때 선장의 명령을 반대로 듣는 사람들도 있다. 폭풍이 휘몰아칠 때만큼 그들이 더 자신감이 넘치고, 전투적이며 행복해 보인 적은 없다. 그렇다. 고통은 그들에게 가장 위대한 순간들을 선사한다! 그들은 영웅적이고, 인류에게 위대한 고통을 가져다주었다. 사실 우리는 이들에게 고통을 금지해서는 안 된다. 왜냐하면 고통이 종의 보존과 증진을 위해 필요한 첫 번째 힘이기 때문이다. 설령 고통이 편안함에 반하고, 이러한 종류의 행복 앞에서 고통 때문에 나오는 구역질을 감출 수 없더라도 말이다.

원하는 내 모습을 생각하면
그 모습이 너 자신이 된다

활동적이고 성공적인 본성을 지닌 사람들은, '너 자신을 알라'라는 격언에 따라 행동하지 않고 '원하는 자신의 모습을 생각하라. 그러면 그 모습이 너 자신이 될 것이다'라는 명령이 눈앞에 아른거리는 듯 행동한다. 운명은 늘 이런 사람들에게는 선택을 허용했던 것으로 보인다. 반대로 비활동적이고 인생을 관망하는 사람들은 삶에 발을 내디뎠을 때, '단 한 번의 선택을 어떻게 했는지'를 끊임없이 곱씹어본다.

아프고 나서야 얻게 된
삶의 여유와 지혜

질병으로 앓아눕게 되면 그동안 일상적이었던 자신의 일이나 타인
과의 교제가 얼마나 병적이었는지를, 그로 인해 자신에 대한 사려
를 잃어버렸음을 깨닫게 된다. 이는 질병으로 불가피하게 얻게 된
여유에서 터득한 지혜이다.

큰 고통에 직면해서도
무너지지 않아야 한다

자신의 내면에서 큰 고통을 주는 힘과 의지를 발견하지 못하는 사람이 위대한 것을 이룰 수 있을까? 고통을 감당할 능력은 있어야 한다. 이는 우리가 갖춰야 할 최소한의 것이다. 때로는 연약해 보이지만 대담하게 고통을 감당하는 사람들도 있다. 그런데 큰 고통을 받고 이 고통이 외치는 소리를 들었을 때 내적인 당혹감과 불안감으로 무너지지 않는다면, 그것이 곧 위대함이자 위대함에 속하는 것이다.

발달한 문화권에 산다고 해서
더 행복해지는 건 아니다

우리는 어린 시절의 환경을 떠올리며 감격할 때가 있다. 정원이 펼쳐진 집, 연못, 숲 등을 돌이켜보면 마음이 아리고 자기 자신을 동정하게 된다. 그동안 많은 일들을 겪었는데, 그 시절의 모든 것은 여전히 고요하고 영원한 듯하다. 우리는 이토록 변했고 이래저래 흔들려왔다. 물론 언제나 그 자리에 그 모습 그대로인 떡갈나무처럼 시간이 흘러도 변함없는 사람들이 간혹 있다. 이를테면 농부나 어부 혹은 산속에서 거주하는 사람들이 그렇다. 사실 눈앞에 펼쳐진 자연 그대로의 모습을 보고 감격스러워하고 자기 자신을 동정하는 것은 발달한 문화권에서 살았을 경우에만 가능하다. 어쨌거나 이로써 발달한 문화권에 산다고 해서 행복의 양이 많아지고 늘어나는 것은 아니라는 결론이 나온다. 따라서 삶에서 행복과 편안함을 얻고자 한다면, 앞으로는 발달한 문화권을 피해 살면 될 것이다.

우리가 지닌 위대함은
끊임없이 조금씩 부서진다

우리가 지닌 위대함은 단번에 무너지는 것이 아니라, 끊임없이 조금씩 부서져 내린다. 온갖 것들 사이를 비집고 들어가서 자라나는 작은 식물, 어디에나 달라붙어 휘감는 법을 아는 작은 식물이 우리의 위대함을 파멸시키는 주인공이다.

여기서 말하는 작은 식물이란 매일 매시간 우리의 주변에서 일어나지만 우리가 미처 깨닫지 못하고 지나치는 비참함이다. 이같이 작고 소심한, 이런저런 부정적인 느낌들이 수천 개의 작은 뿌리가 되어 우리의 이웃, 직장, 친구, 일상에 자리를 잡고 자란다. 이 작은 잡초를 그대로 내버려두면, 우리는 미처 깨닫지 못하는 사이에 몰락하게 된다.

만약 정말 스스로 몰락하고 싶다면, 차라리 단번에 갑작스럽게 몰락하는 편이 낫다. 그러면 뒤에 숭고한 파편이 남을 테니까! 최소한 지금 두려워하는 것처럼 초라한 두더지 구멍이 남지는 않을 것이다.

그 무너진 구멍 위로 풀과 잡초들이 자라고 나면 작은 승리조차도 남지 않는다. 이전처럼 겸손하게 자랑하기엔 너무도 초라하지 않겠는가.

고통을 견디려는 의지가
삶의 기쁨을 부른다

우리가 지금처럼 불쾌함을 잘 견딜 수 있는 것은 위 덕분이다. 무거운 음식물을 담기에 적합하게 만들어진 위가 있기에 식사라는 즐거움을 누릴 수 있는 것이다.

만약 위가 없었다면 우리에게 인생이라는 식사 시간은 너무도 무미건조해졌을 것이다. 즉 고통을 견디려는 훌륭한 의지가 없다면 너무 많은 기쁨을 놓치게 된다.

소나무와 전나무는
조금도 초조해하지 않는다

소나무는 마치 귀 기울여 듣는 듯하고, 전나무는 뭔가를 기다리는 모습이다. 둘 다 조금도 초조해 보이지 않는다. 이들은 초조와 호기심 때문에 진이 빠져 자신의 발아래에 누워 있는 하찮은 인간들 따위는 아랑곳하지 않는다.

난데없이 맑게 비치는
2월의 어느 날 사랑의 햇살

항상 따스하고 충만한 마음을 지니고 여름과 영혼의 대기 속에 사는 사람들은, 겨울과 같은 천성을 가진 사람들이 2월의 어느 날 난데없이 맑게 비치는 사랑의 햇살과 온화한 공기에 소름 돋도록 감격스러워한다는 것을 상상하지 못한다.

진기한 것을 위해
살기에는 삶이 너무 짧다

이성이 성숙하면 인식의 가장 뾰족한 가시덤불 아래 진기한 꽃이 핀 곳으로 더는 가지 않으며, 진기한 것과 특별한 것을 위해 살기에는 삶이 너무 짧다는 점을 헤아려서 정원과 숲 그리고 초원과 논밭에서 지내는 것에 만족하게 된다.

너무 비좁은 욕망의 토대 위에 인생을 세우지 마라

인생을 너무 비좁은 욕망의 토대 위에 세우지 않도록 조심해야 한다. 지위, 명예, 교제, 쾌락, 안락과 예술이 가져오는 여러 기쁨을 포기하면, 이 포기 때문에 지혜 대신 삶에 대한 염증과 이웃이 되었다는 사실을 깨닫는 날이 올 것이다.

불운이 가져오는 장점을
깨닫게 될 때가 있다

전통적인 자기 위안의 방법은 다음과 같은 2단계로 이루어진다.

첫 번째 단계에선 사람은 불쾌감을 느끼거나 뭔가 안 좋은 일을 겪었을 때 다른 누군가도 이 일로 고통 받게 해야 한다고 생각한다. 이렇게 다른 사람을 고통스럽게 만듦으로써 아직 자신에게 힘이 있다는 것을 확인하고, 위안을 얻는다.

두 번째 단계에선 사람은 불쾌감을 느끼거나 안 좋은 일을 겪었을 때 이것을 자신의 잘못에 대한 처벌이라고 생각한다. 즉 이것으로 죄의 대가를 치렀으니 앞으로 사악한 마법에 걸려 부당한 일을 당하지는 않으리라고 생각한다. 불운이 가져오는 이러한 장점을 깨닫게 되면 더는 자신에게 일어난 불행 때문에 다른 사람을 고통스럽게 할 필요가 없어진다. 고통의 대가로 다른 것을 얻었으니 이런 저열한 만족을 추구하지 않게 된 것이다.

영혼을 치료하는 무료 진료소의
의사처럼 살자

무명으로 조롱받으면서 살 것. 시기나 적의를 깨우기에는 너무 비천할 것. 열정이 없는 머리와 한 줌의 지식, 그리고 한 자루에 가득 찬 경험으로 무장한 채 영혼을 치료하는 무료 진료소의 의사처럼 살 것.

그리고 여러 의견으로 머리가 혼란해진 이런저런 사람들을 도와줄 것. 다만 그를 도와준 이가 누구인지 눈치채지 못하게 할 것!

그 앞에서 자신이 옳다고 말하지 말고, 승리를 축하하려 하지 말 것. 오히려 눈에 띄지 않게 작은 암시를 주어서 상대가 반박하고 나서 스스로 틀렸다는 걸 인정하게 할 것. 그리고 이렇게 스스로 인정한 것에 대해 자부심을 느끼고 앞으로 나아가도록 말할 것!

곤경에 처한 사람들을 내쫓지는 말되 그들에게 곧장 잊히거나 비웃음을 살 만한 하찮은 여관 같은 존재로 남을 것. 남들보다 먼저 무언가를 가지려 하지 말고, 더 좋은 음식이나 더 맑은 공기나 더 기쁜 정신도 가지려 하지 말 것. 오히려 내주고, 되돌려주고, 나누어 더욱더 가난해질 것!

많은 사람이 접하기 쉽고, 누구도 굴욕감을 느끼지 않도록 낮아질 것! 비밀스러운 길에 숨어 있는 많은 영혼에 가닿기 위해 수많은 부당함을 감수하고, 또 온갖 종류의 오류라는 벌레 구멍으로 기어갈 것! 언제나 일종의 사랑 가운데 존재하고, 언제나 이기심과 자기만족 가운데 존재할 것! 지배권을 소유하는 동시에 이를 포기하고 숨어 살 것!

자신은 여전히 태양과 우아함이라는 온화함 속에 있으며, 숭고한 것으로 향하는 계단이 가까이 있다는 사실을 알 것!

이것이야말로 인생이다! 이것이 오래 살 만한 이유일 수 있다!

사물을 아름답게 하는
또 한 사람이 되고자 한다

난 여전히 살아 있으며 또한 여전히 생각하고 있다. 난 아직은 살아야 한다. 아직은 생각을 해야 하기 때문이다. '나는 존재한다. 고로 나는 생각한다. 나는 생각한다. 고로 나는 존재한다'(데카르트로부터 인용한 글귀임 -옮긴이)

오늘날에는 누구나 자기의 희망과 가장 소중한 생각을 말로 표현할 수 있다. 그래서 나도 오늘 나 자신에게 바라는 것, 올해 처음으로 떠오른 생각, 즉 앞으로 내 인생의 초석이고 보증이며 달콤함이 될 생각들을 말하려고 한다. 나는 항상 더 배우려고 하고, 사물의 필연적인 것을 아름다움으로 보려고 한다. 그래서 사물을 아름답게 하는 또 한 사람이 되고자 한다.

아모르파티(Amor fati, 운명애)! 이제부터는 이것이 내가 추구하는 나의 사랑일 것이다. 나는 추한 것과 싸우고 싶지 않다. 나는 비난하고 싶지 않다. 비난하는 자를 비난하고 싶지도 않다. 차라리 그들을 외면하는 것이 내 유일한 부정의 표현일 것이다. 그러니까 언젠가 나는 무엇이든 긍정을 표하는 자가 되고 싶다.

이의, 탈선을 좋아하는 것은
건강하다는 표시다

이의, 탈선, 즐거운 불신, 조롱을 좋아하는 것은 건강하다는 표시이다. 그러나 이의, 탈선, 즐거운 불신, 조롱도 없고 아무런 느낌, 조건도 없으면 이것은 건강하지 않다는 걸 의미하기에 모두 병리학의 대상이다.

자신이 무엇을 하는지를
완전히 알고 있었던가

자신이 무엇을 하는지도 모르는 사람이 어떻게 용서할 수 있겠는가! 이런 사람에겐 용서할 게 아무것도 없다. 그런데 우리 인간 중 누가 단 한 번이라도 자신이 무엇을 하는지를 완전히 알고 있었던가? 적어도 이러한 의구심이 있는 한, 우리 인간은 서로 용서할 것이 없다. 또한 가장 사려 깊은 인간도 남에게 자비를 베푸는 일은 불가능해진다.

만약 악행을 저지른 범죄자가 자신이 저지른 일을 확실히 알고 있다고 해도, 우리에게 그자의 죄를 묻고 벌을 줄 권리가 있어야만 그를 용서할 권리를 갖게 된다. 그러나 우리에겐 이런 권리가 없다.

우뚝 솟은 나무가 비바람을
피할 수 있을까

최고로 번창한 사람들과 민족들의 삶을 찬찬히 들여다보라. 그리고 너희 스스로 물어보라. '하늘 높이 우뚝 자라는 나무가 비바람과 눈보라를 피할 수 있을까?'라고 말이다. 외부에서 가해지는 불이익과 반대, 온갖 종류의 증오, 질투, 고집, 의심, 난관, 탐욕, 폭력 등등 이런 것들은 당연히 유리한 상황이 아니다. 그러나 이런 것들 없이 위대하게 성장할 수 있을까? 독은 허약한 존재를 파멸시키지만, 강자에게 독은 힘을 더 강하게 하는 것이다. 그리고 강자는 이것을 독이라고 생각하지도 않는다.

위대한 풍경 화가는
소박한 환경을 그리기 마련이다

위대한 풍경 화가는 소박한 환경을, 존재감이 없는 풍경 화가는 주목할 만한 희귀한 풍경을 그리기 마련이다. 즉 위대한 사람은 소박한 것을 옹호하지만, 하찮고 평범하고 야심적인 사람들은 자연과 인간성의 위대한 것을 옹호한다.

자기 자신의 이상을 연기하는
배우가 되지 마라

위대한 인간이라고? 어떻게 그런 사람을 위대한 사람이라고 할 수 있지? 내가 본 건 언제나 자기 자신의 이상을 연기하는 배우뿐이었는데! 자기 자신의 이상으로 가는 길을 발견하지 못한 사람은, 이상이 없는 사람보다 더 경박하고 뻔뻔하게 살아간다.

그에게 치욕감을 주지 않아야
훌륭한 승리다

상대와 격차가 크지 않아서 간발의 차이로 이길 것 같다면 승리하려고 무리한 행동을 하지 마라. 패배자도 기쁜 마음으로 졌다고 인정할 수 있어야 훌륭한 승리다. 훌륭한 승리에는 치욕감이 들지 않게 하는 어떤 신성함이 있다.

훌륭해지고 나서야
마침내 풍요를 얻는다

훌륭한 작가가 맨 마지막에 얻는 것이 풍요이다. 처음부터 풍요로움을 지닌 자는 결코 훌륭한 작가가 되지 못한다. 가장 고귀한 경주용 말은 승리를 거두고 마침내 휴식을 취해도 되기 전까지는 마르고 여위어 있다.

잘못된 방향을 돌려야
자신의 항로로 나아간다

우리는 때로 자신의 성향과 상반되는 방향으로 잘못 나아가기도 한다. 이렇게 되면 한동안 홍수와 바람에 맞서서 싸워야 하는데, 이는 근본적으로 보면 자기 자신에 맞서서 투쟁하는 격이다. 영웅처럼 싸워도 결국에는 지쳐서 숨을 헐떡이게 되며, 설령 성공해서 뭔가는 성취해낸다고 해도 이미 너무 많은 걸 잃은 터라 진정한 기쁨을 맛보지도 못한다. 심지어 승리한 순간에도 자신이 이룬 성과와 앞으로 다가올 미래를 헤아려보고 절망하게 될지도 모른다. 결국에는 잘못된 방향을 돌려야 비로소 순풍에 돛을 단 듯 진정한 자신의 항로로 나아갈 수 있다.

그렇게 된다면 얼마나 행복하겠는가! 얼마나 승리감이 느껴지겠는가! 우리는 그제야 자신이 어떤 사람이며 무엇을 원하는지 깨닫고, 스스로에게 충실해지기로 다짐한다.

낮고 고른 평지에 머물지 마라! 너무 높이 올라가지 마라! 중간쯤의 높이에서 볼 때 세상은 가장 아름답다.

모든 끝이 반드시 목표는 아니다. 선율의 끝이 선율의 목표는 아니지만, 선율이 끝에 이르지 못하면 이 선율은 아직 목표를 이루지 못한 것이 된다. 이는 하나의 비유이다.

우리가 위로 올라가면 갈수록, 날지 못하는 이들에게 우리는 더 작아져 보인다는 사실을 명심해야 한다.

당신은 명예에 의미를 두었는가? 그렇다면 이 가르침을 따르라. '적절한 시기에 스스로 명예를 내려놓아라!'

'오늘이 제격이라고 판단해서 오늘 온 거야'라고 누구나 항상 이렇게 생각한다. 그래서 "너무 일찍 왔어! 너무 늦게 왔어!"라는 말은 이런 자의 마음을 세상 아프게 한다.

"산을 가장 잘 올라가는 방법은?" 그런 생각일랑 말고, 묵묵히 산을 오르기만 하라!

아이처럼 사는 사람, 즉 자기의 빵을 벌기 위해 싸우지 않는 사람, 자신이 하는 행위에 결정적인 의미가 있다고 믿지 않는 사람! 이런 사람은 영원히 아이로 남는다.

살면서 힘겹게 위로 올라가는 동안에는 다리가 부러질 일이 거의 없다. 그러나 가볍고 편한 길을 선택하기 시작할 때가 가장 위험하다.

군중이 난폭해지기 시작하고 이성이 어두워질 때, 자신의 영혼이 건강한지 확신할 수 없을 때는, 성문 아래로 내려가 동태를 살펴야 한다.

고귀한 영혼이란 가장 높이 날아오를 수 있는 영혼이 아니다. 고귀한 영혼이란 상승도 하강도 거의 하지 않지만 항상 자유롭고 투명한 대기와 높은 곳에서 사는 영혼을 말한다.

질투심이 전혀 없다는 것은 업적이 될 수 없다. 왜냐하면 그는 아무도 살지 않는 나라, 단 한 사람도 찾아볼 수 없는 나라를 정복하려 하기 때문이다.

어떤 인간들은 문제를 해결하기는커녕 오히려 더 얽히고설키게 만들어 관련자 모두를 힘들게 한다. 못대가리 하나 똑바로 칠 줄 모른다면 그에게 절대 못을 박지 말라고 해야 한다.

사람은 천부적으로 가벼운 마음을 타고나거나 예술과 지식을 통해 마음을 가볍게 해야 한다. 이것이 사람으로서 꼭 지녀야 하는 태도다.

진리의 산에 매달려 기어 올라가는 일은 전혀 헛수고가 아니다. 왜냐하면 오늘 이미 더 높이 올라가거나 아니면 내일 훨씬 더 높이 올라갈 힘을 단련하고 있으니까 말이다.

남들에게서 사랑받는다는 것을 알지만, 자기 자신을 사랑하지는 않는 사람은 은연중에 영혼의 침전물을 드러낸다. 자기 영혼의 가장 밑바닥에 깔린 것들이 위로 떠오르는 것이다.

풍부한 정신을 가진 사람이라도 때로는 자신이 쌓아놓은 보물이 보관된 창고의 열쇠를 잃어버리기도 한다. 이렇게 되면 그도 살기 위해 구걸해야 하는 가장 가난한 거지나 다름없다.

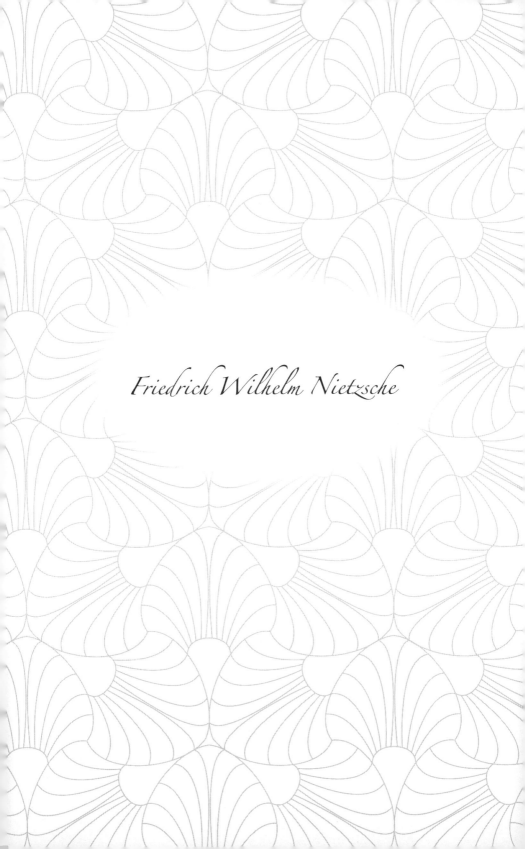

Friedrich Wilhelm Nietzsche

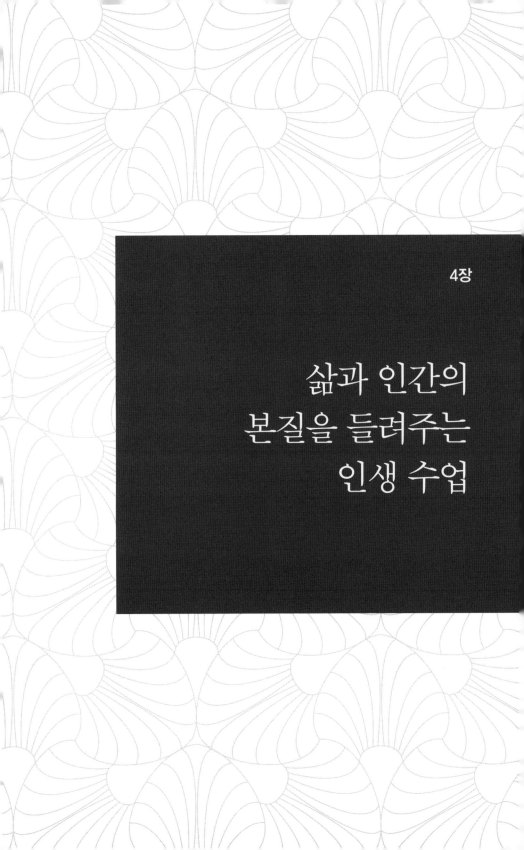

4장

삶과 인간의
본질을 들려주는
인생 수업

의미 있는 인생은
최고의 순간들로 이루어진다

의미 있는 인생은 드물지만 최고의 순간들로 이루어진다. 의미 있
는 인생을 사는 이들은 기회만 온다면 마음속에 담긴 모든 아름다
운 것들을 이야기할 것이다. 사랑, 봄, 아름다운 선율, 산맥, 달, 바
다 등등.

음식을 찾는 굶주린 사람처럼
'뭔가'를 갈구하는 사람

손대는 것은 뭐든지 금으로 변하게 만드는 재능을 가진 인간이 있다. 좋으면서도 나쁜 어느 날, 그는 자기 재능 때문에 굶어 죽을 팔자라는 사실을 깨닫게 될 것이다.

그의 주위는 온통 광채를 띠며 화려하고 이상적이며 감히 손댈 수 없는 것들로 가득하지만, 이제는 황금으로 바꿀 수 없는 '뭔가'를 절실히 갈구한다. 먹을 것을 찾는 굶주린 사람처럼! 그는 무엇을 붙잡으려 할까?

자신이 겪는 나쁜 일을
사회의 책임으로 돌리는 사람

어떤 사람들은 사회가 그에게 이런저런 인간이 되라고 허락한 재료들로만 이루어져 있어서 어떠한 상황에서도 만족하고 살면서 놓치거나 이루지 못한 것을 한탄하지 않는다. 반면 너무나 특수한 재료로 만들어진 사람들도 있다. 그렇다고 해서 이들이 특히 더 고귀한 존재라는 것은 아니고 단지 희귀한 존재일 뿐이다. 이들은 자기 자신의 유일한 목적에 따라 살 수만 있으면 불만을 느끼지 않지만, 자신의 유일한 목적에 따라 살 수 없을 때 이들은 사회에 해를 끼치게 된다. 이러한 사람들은 자기 인생이 실패했고 잘못되었다고 여길 경우, 자신에게 일어난 모든 나쁜 일을 사회의 책임으로 돌리기 때문이다. 내가 질병에 시달리고 불만이 가득한 것은 모두 사회 때문이라는 식이다. 그래서 이들의 주변에는 기분 나쁜 공기가 형성되며, 상황이 이들에게 유리할 때도 폭풍우가 일게 된다.

오랜 시간이 지나고 나서야
좋은 것이 내 것이 된다면

어떤 사람들은 자신이 지닌 재치를 드러낼 기회가 왔을 때 제대로 보조를 맞추지 못한다. 그래서 자신은 여전히 계단 위에 서 있는데 재치가 이미 문밖으로 빠져나가 버리곤 한다. 반면에 어떤 사람들은 발 빠른 시간과 나란히 걷기에는 너무나 발이 느려 재치가 문밖으로 빠져나가기 전 계단에서만 잠깐 행복을 느낀다. 즉 어떤 체험이나 삶의 모든 여정에서 누리게 되는 가장 좋은 것은 오랜 시간이 지나고 나서야 비로소 이들의 것이 된다. 하지만 마치 언젠가 이 향기를 실컷 들이마셨던 때가 있었던 것 같은 그리움과 서글픔을 일깨우는 희미한 향기로 그들의 것이 되기는 한다. 하지만 때는 너무 늦었다!

자신이 본래 하려던
의도를 잊어버리고 마는 사람

대개는 여행하면서 원래 하려던 여행의 목표를 잊기 마련이다. 거의 모든 사람도 어떤 목적을 위한 수단으로 직업을 선택해 시작했지만, 일하는 동안 결국은 직업이 최종 목적이 되고 만다. 이렇게 본래 하려던 의도를 잊는 일은 우리가 범하는 어리석은 행동 중 가장 흔한 행동이다.

인간의 고통을 연장시키기에
희망은 최악의 재앙이다

판도라(그리스 신화 속 제우스가 인간 세계에 내려보낸 최초의 여자-옮긴이)는 온갖 재앙이 든 상자를 가져와 열었다. 사람들은 그것을 '행복의 상자'라고 불렀다. 겉보기에는 아름답고 매력적이라 신들의 선물로 여겼다. 하지만 상자 안에서 살아 있는 재앙들이 날개를 달고 밖으로 나와 여기저기를 배회하기 시작했고, 그때부터 밤낮으로 인간을 괴롭혔다. 그런데 상자 안에 남은 한 재앙이 있었다. 판도라가 제우스의 뜻에 따라 상자를 닫았고, 그 재앙은 그대로 남게 되었다.

인간은 행복의 상자를 집에다 보관하고 그 안에 귀한 보물이 들어 있다며 감탄했다. 그들은 원하면 언제든 행복의 상자에 손을 댈수 있었다. 인간은 행복의 상자라며 감탄했던 판도라의 상자가 재앙의 상자임을 알지 못했고, 남아 있는 재앙을 가장 큰 행복의 보물로 여겼다. 그것은 곧 '희망'이었다.

　그러니까 제우스(그리스 신화 속 신들의 왕-옮긴이)는 인간이 다른 많은 재앙에 시달리더라도 삶을 포기하지 않고 계속 새로운 재앙에 괴로워하길 바랐던 것이다. 그런 이유로 제우스는 인간에게 희망을 주었다. 희망은 인간의 고통을 연장시킨다. 그래서 희망은 최악의 재앙이다.

남들의 눈이 무서워서
목표를 취소하지 못하는 사람

당당하게 큰 목표를 세웠지만 이를 달성하기에는 자신의 힘이 부족하다는 사실을 속으로만 인정하는 사람은 대부분 남들의 눈이 무서워서 그 목표를 취소하지도 못한다. 그래서 결국에는 위선자가 될 수밖에 없다.

소유는 주인이 되고,
소유자는 노예가 되다

어느 정도까지는 소유가 인간을 독립적으로 만들고 더욱 자유롭게 만들어준다. 하지만 그 정도에서 한 단계만 더 넘으면 소유는 주인이 되고, 소유자는 노예가 된다. 소유자는 노예로서 소유하기 위해 자기 시간과 성찰을 희생해야 한다. 그 후로는 교제에 의무적으로 묶이게 되고, 한 장소에 고정되고, 국가에 동화되어 버린 것을 실감하게 된다. 이러한 모든 게 어쩌면 가장 내면적이고 본질적인 그의 욕구와 정반대되는 일일 것이다.

죽음을 앞둔 마지막 순간,
어떤 말을 남길 것인가

끔찍하고 폭력을 일삼았던 사람, 게다가 마치 현자 소크라테스(고대 그리스의 철학자-옮긴이)처럼 적절히 침묵을 잘 활용할 줄 알았던 사람. 이 아우구스투스(고대 로마의 초대 황제-옮긴이) 황제가 죽음을 앞두고 마지막 말을 남길 때 전혀 신중히 행동하지 않았다는 사실은 잘 알려졌다. 그는 그때야 처음으로 그의 가면을 내려놓았다. 마치 그가 국부의 역할을 맡아 가면을 쓴 채 왕좌에 앉아 착각에 빠질 정도로 현명한 국부의 역할을 잘 해낸 코미디를 해왔다는 사실을 이해했다는 듯이 말이다. "손뼉을 쳐라, 친구여. 희극은 끝났다!" 그의 이런 말은 죽음을 앞두고 "예술가로서 나는 죽게 되는구나!" 라고 한 네로(로마 제국의 제5대 황제-옮긴이)의 말과 같다고 할 수 있다. 이 같은 배우의 허영, 배우의 수다스러움! 죽음을 맞이한 소크라테스와는 정말로 정반대다!

그러나 스스로 괴로워하며 자책했던 사람 중 가장 심했던 티베리우스(로마 제국의 제2대 황제-옮긴이)는 정작 침묵하며 죽었다. 그는 그야말로 진실한 사람이었으며 결코 배우가 아니었다. 죽음을 앞둔 마지막 순간 그의 뇌리에는 무엇이 스쳐 지나갔을까? 어쩌면 이런 것은 아니었을까? "삶, 그것은 오랜 죽음이다. 바보 같은 내가 그토록 많은 인간의 생명을 단축했구나! 나는 원래 자비를 베푸는 자가 되어야 하지 않았을까? 그랬더라면 내가 그들에게 영원한 삶을 주었을 텐데. 죽어가는 것을 그들이 영원히 볼 수 있도록 했을 거야. 나는 그런 일에는 정말 일가견이 있었지. 이제 나의 죽음과 함께 사라지는구나!" 그가 죽음과의 사투를 오래 벌이다가 다시 생기를 되찾은 듯 보였을 때, 사람들은 베개를 가져와 그를 질식시키는 게 좋겠다고 의견을 모았다. 그는 두 번 죽었다

인간적인 것이라고 모두 진지하게
여길 가치는 없다

내가 제노바에 있을 때 황혼 무렵 어느 탑에서 울리는 긴 종소리
를 들었다. 그 종소리는 좀처럼 멈출 것 같지 않았다. 지칠 줄 모
르는 듯 거리의 소음을 뚫고 저녁 하늘과 바다 위로 울려 퍼졌다.
스산하면서도 동시에 천진난만하고, 또 애잔한 종소리였다. 그때
갑자기 플라톤(고대 그리스의 철학자 – 옮긴이)이 했던 말이 떠올랐다.
"인간적인 것은 모두 진지하게 여길 만한 가치는 없다." 이 말이 내
마음 깊이 와닿았다.

지구라는 극장의 모든 관객은
진부함을 싫어한다

사람들에게 죽음보다 더 진부한 일은 없을 것이다. 그다음으로 진부한 것은 태어남이다. 모두가 태어나는 것은 아니지만, 태어난 사람은 누구나 죽기 때문이다. 그래서 가장 진부한 것이 죽음이다. 그다음으로 진부한 것은 결혼이다. 이같이 진부하기 짝이 없는 자잘한 희극과 비극이 셀 수도 없이 되풀이되었지만, 매번 새로운 배우에 의해 공연되기 때문에 그나마 관객의 흥미가 멈추지 않는다.

지구라는 극장의 모든 관객은 이미 오래전부터 이런 진부함에 싫증이 나서, 차라리 나무에 목을 매달고 싶은 심정일 것 같다고 여긴다. 이렇듯 새로운 배우의 역할은 더욱 중시되고, 작품의 비중은 그리 크지 않게 된다.

죽음을 맞는 모습은
그의 성격을 드러내지 않는다

인생을 충실하게 살아가는 동안에는, 즉 활기가 넘칠 때에는 죽음에 대한 태도가 곧 그 사람의 '성격'을 대변한다고들 한다. 하지만 정작 죽음을 앞둔 순간 그 사람의 태도는 그렇지 않다.

노인이 죽어가는 순간, 삶의 모든 것이 고갈되어가는 그 마지막 순간에 뇌의 영양 상태는 소진되어 있다. 때로는 격렬한 고통이 몰려온다. 아무도 시험해보지 못한, 모든 것이 완전히 새로운 상태가 된다. 미신적인 인상이나 공포가 엄습하고 소멸되기를 반복한다. 그것은 죽음이라는 가장 중요한 일이며, 가장 스산한 종류의 다리를 건너야 한다는 인상과 공포이다. 이 모든 것은, 그 사람이 죽음을 맞는 모습을 그 사람의 성격을 드러내는 증거로 이용해서는 안 된다고 말한다.

한편 "죽음을 앞둔 사람이 그렇지 않은 사람보다 정직하다"라는 말은 거짓이다. 죽음을 앞둔 이들은 때로는 의식적이거나 무의식적인 상태에서 주위 사람들의 엄숙함, 애써 억누르던 눈물, 복받치는 감정을 발견하고, 그들의 허영심에서 비롯된 일종의 희극을 맛보게 된다. 그 엄숙함이란 불행하고 천대받았던 이들에게는 일생 최대의 고상한 기쁨이 되고, 가난에 찌들어왔던 이들에게는 일종의 배상이자 보상이 될 것이다.

뒤늦게 후회하고 깨달아봤자
이미 너무 늦었다

이미 충분히 안 좋은 상황인데 또 옛날이야기라니! 하지만 집을 다 짓고 나서 예기치 못했던 상황에 부닥치게 되면 너무 늦는다. 그때서야 '건축하기 전에 꼭 배워야 했는데' 하고 깨달아봤자 이제는 "너무 늦었어!"라며 영원한 탄식을 할 수밖에 없다. 모든 것이 끝났을 때의 허탈함!

자기 영혼의 칠판이
빼곡하게 채워지면

인간은 애증이 서로 교차한다. 이는 끊임없이 '인생에 대한 자신의 판단'에서 벗어나길 바라는 인간의 내적인 특징이다. 인간은 좋고 나쁜 모든 경험을 마음에 담아두는 경향이 있다. 그러다 자기 영혼의 칠판이 빼곡하게 채워지면 더는 현존재(존재가 무엇인지 물을 수 있는 존재자를 인간이라는 용어 대신 현존재라고 부름 – 옮긴이)를 미워하거나 경멸하지 않는다. 그렇다고 해서 사랑하지도 않는다. 때로는 현존재를 품고 때로는 기쁨의 눈으로, 때로는 슬픔의 눈으로 바라보며, 자연처럼 여름인가 싶으면 곧 가을인 것 같은 기분이 들 것이다.

최고의 행복이 실현되는
인생관을 발견하는 것

많은 사람이 느끼는 행복은 아주 작은 것이다. 그들이 가진 지혜로는 그 이상의 행복을 느낄 수 없다. 이 말은 그들의 지혜에 이의를 제기하는 게 아니다. 마찬가지로 의술이 모든 사람을 치료할 수는 없다. 사람은 허약하다. 하지만 그 사실 또한 의술에 이의를 제기하는 건 아니다.

최고의 행복이 실현되는 인생관을 발견하는 것, 당신에게 이런 행운이 있길 바란다. 물론 그렇게 된다 해도 삶은 여전히 비참할 수도 있고, 부러움을 살 만한 가치가 없을 수도 있다.

노년에 인생을 판단하는 것은
현명한 일이 아니다

저녁에 낮을 판단하는 것은 현명한 일이 아니다. 이때는 흔히 피로가 힘, 성공과 선한 의지 등을 판단하기 때문이다. 마찬가지로 노년에 이르러 인생을 판단하는 일은 최고로 신중히 해야 한다. 왜냐하면 노년은 저녁과 마찬가지로 새롭고 매력적인 도덕으로 변장하기 좋아하며 저녁놀, 황혼, 평화롭고 동경으로 가득 찬 고요로 인해 낮을 부끄럽게 하기 때문이다. 노인에 대한 경외심으로 우리는 자칫 노인의 정신이 노쇠했다는 사실을 간과하는 경향이 있다.

당신의 습관은
무엇으로 이루어졌는가

당신이 생각하는 하루하루의 역사는 무엇인가?

당신의 습관을 살펴보라. 당신의 습관은 무엇으로 이루어졌는가? 무수히 많고 작은 비겁함과 나태함의 부산물인가, 아니면 용감함과 독창적인 이성의 산물인가? 이 둘은 매우 다르다.

남의 불행을 보고
기뻐하는 마음은 왜 생기나

남의 불행을 보고 기뻐하는 마음은 대부분 의식적인 면에서 볼 때 자신이 처한 상황이 안 좋고, 걱정이나 질투 그리고 고통이 있기 때문에 생기는 것이다. 즉 사람들은 남에게 닥쳐온 불행을 자기의 상황과 견주어보고 질투를 가라앉히는 것이다. 이와 반대로 지금은 자기가 행복하다고 느낄 때도 이웃의 불행을 자기의식 속에 자본으로 쌓아두었다가, 자기에게 불행이 닥쳤을 때 쌓아둔 남의 불행을 같은 일에 적용해보려 한다. 이렇게 해서 남의 불행을 기뻐하는 마음이 생기게 되는 것이다.

이처럼 사람들은 행운을 얼마나 얻었느냐를 평등의 기준으로 삼는다. 따라서 남의 불행을 보고 기뻐하는 마음은 평등의 승리와 회복에 대한 가장 저속한 표현이다.

사람들은 너무 가까이에서
자신을 바라본다

사람들은 언제나 몇 발짝도 안 될 만큼 너무 가까이에서 자신을 바라보고, 이웃은 항상 너무 멀리 떨어져서 바라본다. 따라서 이웃에 대해서는 지나칠 정도로 대략 통틀어서 판단하고, 자신에 대해서는 개별적이고 우연하며 중요하지도 않은 특징과 사건까지도 아주 자세히 다루어 판단하게 된다.

정말 중요한 문제들은
길거리에 있다

목적에 따라 행동한다는 것은 모든 행동 가운데서도 가장 이해하기 어려운 것이다. 우리가 이것을 가장 일상적인 행동이자, 어떤 경우에서든 가장 합리적인 행동으로 간주한다는 점에서 특히 그렇다. 정말 중요한 문제들은 길거리에 있는데 말이다.

깊은 슬픔을 지닌 사람들은
행복할 때 정체가 드러난다

이유는 알 수 없지만 깊은 슬픔을 지닌 사람들은 행복할 때 정체가
드러나기 마련이다. 이들은 마치 질투심에 빠진 것처럼 행복을 억
누르고 질식시키려는 듯한 방식으로 붙잡으려 한다. 아, 그들은 행
복이 자신에게서 달아나리라는 것을 너무 잘 알고 있다!

난간의 역할을 하는 사람들이
젊은이에겐 필요하다

낭떠러지 옆을 지나가거나 깊은 냇물 위의 나무다리를 건너려면 난간이 필요하지만 난간에만 매달리려 하면 같이 무너질 수 있다. 이런 난간은 사실 붙잡기 위해서라기보다는 안전하다는 것을 보여주는 상징물로써 필요한 것이다.

이와 마찬가지로 젊은이에겐 무의식적으로 이런 난간의 역할을 해줄 수 있는 사람들이 필요하다. 우리가 정말로 누군가에게 의지하고 싶을 만큼 큰 위험에 처했을 때, 그들이 도움이 되지 않을 수도 있지만 적어도 그들이 가까이에서 지켜준다는 안정감은 얻을 수 있을 것이다. 아버지, 교사, 친구! 일반적으로 이들 세 사람이 모두 그런 사람들이라 할 수 있다.

인생의 첫 20년과
마지막 20년에 대한 고찰

사계절을 인생의 네 가지 연령대에 비유하는 것은 참으로 어리석은 일이다. 인생의 첫 20년과 마지막 20년은 어느 계절에도 상응하지 않기 때문이다. 단지 하얘진 머리카락과 눈 또는 이와 비슷한 색채의 변화에만 국한해서 비유하는 게 아니라면 말이다.

인생의 첫 20년과 마지막 20년은 계절보다는 명절에 비유하는 편이 타당하다. 첫 20년은 전체 연령대, 즉 인생을 준비하는 기간으로 긴 설날이라고 할 수 있다. 그리고 마지막 20년은 앞서 체험한 모든 걸 살펴보고, 내면화하고 정당화해 조화롭게 하는 기간으로 한 해의 마지막 날에 비유할 수 있다. 사람들은 그해의 마지막 날에 지난 1년 전체를 되돌아보니까. 다만 이 중간에는 실제로 사계절과 유사한 기간이 있는데, 20세부터 50세까지의 기간이 바로 그러하다.

여기서는 통틀어 10년 단위로 계산했지만, 대략적인 계산법으로 각자 자기 경험에 맞춰서 순화시켜야 한다. 20세에서 50세까지, 이 세 번의 10년은 세 계절인 여름, 봄과 가을에 상응한다. 다만 사람의 인생 중 겨울에 해당하는 연령대는 없다. 혹독한 시련을 겪거나 차갑고, 외롭고, 희망이라고는 거의 없는 상황에서 병을 앓느라 아무 성과 없이 보내는 기간을 인생의 겨울이라고 부른다면 모를까. 유감스럽게도 이런 일이 드물지 않게 일어나는 것은 사실이다.

20대는 뜨겁고, 귀찮고, 천둥 번개가 치는 거친 날씨와 같으며, 활동력이 왕성해 지치게 만드는 시기이다. 또한 날이 저물어 밤이 오면 그 날을 찬양하며 이마에 흐르는 땀을 씻는 시기이기도 하다. 일하는 것이 힘들기는 하지만 꼭 해야 한다고 생각하는 이런 20대의 시기는 인생의 여름이다.

이에 비하면 30대는 인생의 봄이다. 이 시기에는 공기가 너무 따뜻하다가도 어느새 금방 너무 추워지고, 언제나 날씨가 불안정해 자극적이다. 또한 기력이 왕성하고, 잎이 무성해지며, 어디서나 꽃 향기가 풍겨오는, 아침과 밤이 더욱 매혹적인 시기이기도 하다. 30대에는 진정으로 마음이 끌리는 일을 하고 있기 마련이므로 새소리에 깨어나 일터로 가면서도 아직 한창때의 즐거움에 젖어 앞으로 더 좋아질 거라는 기대에 부풀고는 한다.

마지막으로 40대는 모든 것이 정지한 듯한 신비로운 시기이다. 상쾌한 바람이 부는 높고 넓은 산악지대의 고원과 같은 시기라고 할 수 있다. 구름 한 점 없이 맑은 하늘 아래, 낮과 밤을 똑같이 온화하게 보내는 시기이다. 40대는 수확의 시기이고 가장 마음에서 우러나오는 쾌활함을 느낄 수 있는 시기로, 인생의 '가을'이다.

언제나 우리 인간은
자신의 과오로써 배운다

인간은 자신의 과오로써 배운다. 첫째, 인간은 언제나 자신이 불완전하다고 여겼다. 둘째, 인간은 자신에게 거짓으로 만든 속성들을 부여했다. 셋째, 인간은 동물과 자연 속 서열 관계에서 자신의 서열을 잘못 설정했다. 넷째, 인간은 새로운 재산 목록을 만들었고 한동안 이것을 영원하고 무조건인 것으로 받아들였다. 그래서 이런저런 인간의 충동과 상태에 따라 재산 목록은 일순위가 되었고, 결국 그 재산은 고귀해졌다. 만일 이 네 가지 과오의 결과를 무시하면 결국은 인간성, 인간다움 그리고 '인간의 품위'도 무시하게 된다.

이미 완성된 것을
그저 받아들이는 젊은이들

뭔가가 되어가는 과정에 있는 사람이야말로 오히려 그 과정을 원치 않는다. 너무 마음이 급해서 결과를 기다릴 수가 없기 때문이다. 인간과 사물에 대한 자신만의 그림을 완성하려면 오래 연구하고 괴로워하고 궁핍함을 겪어야 하지만, 젊은이들은 그때까지 기다리고 싶어 하지 않는다. 그래서 젊은이들은 이미 완성된 다른 사람의 그림을 주어지는 대로 받아들인다. 심지어는 그것이 앞으로 자신만의 그림이 지닐 선과 색채를 미리 부여해줄 것이라는 믿음을 가지고 충성을 다해서 제 것인 양 여기기까지 한다. 또는 어느 철학자와 시인에게 심취해서 의지하기도 한다.

이렇게 되면 아주 오랫동안 사역당하면서 자기 자신을 부정하게 된다. 물론 이 과정에서도 많은 것을 배우기는 하지만 젊은이로서 배워야 하는 것과 가장 인식해야 하는 것, 즉 '자기 자신'을 대부분 잊어버리게 된다. 요컨대 사는 내내 어떤 당파에 속한 한 사람으로만 머물게 되는 것이다.

아, 자기만의 색채, 자신에게 맞는 화필과 캔버스를 발견하기까지 얼마나 많은 권태를 극복하고 또 땀을 흘려야 하는가! 심지어 이렇게 자신만의 그림을 발견한다고 해도 인생이라는 예술에서 대가가 될 수는 없다. 하지만 적어도 자기 작업실의 주인이 될 수는 있을 것이다.

현시대의 사람들이
대담하지 않은 이유

고대나 중세와 비교하면 현시대의 사람들은 뭔가 대담하다고 할 만한 일을 감행하는 경우가 드물다. 이는 어쩌면 현시대에 이르러 사람들이 징조나 신탁, 별, 점쟁이 같은 것들을 더는 믿지 않게 되었기 때문일 것이다. 이 말인즉슨 고대인과 달리 우리는 '미래가 정해져 있다'고 믿지 않는다는 의미다. 고대인들은 '미래가 이미 정해졌다'고 믿었기에 오히려 당장 마주한 현재보다 앞으로 다가올 미래에 더욱 믿음이 있었다.

가장 높은 진리일수록
가장 단순한 형태로 나타난다

젊은 사람들은 흥미로운 것과 특이한 것을 사랑한다. 그들은 그게 진실이든 거짓이든 개의치 않는다.

반면 더욱 성숙한 정신은 진리를 추구하면서 그 안에 담긴 흥미 있고, 특이한 면을 사랑한다. 그리고 완숙한 두뇌는 보통 사람들이 조잡하고 단순해 보여서 지루하다고 여기는 것에서 진리를 찾는다. 이 단계에서는 가장 높은 진리일수록 가장 단순한 형태로 나타난다는 사실을 깨닫게 되기 때문이다.

사람들이 작은 것보다는
큰 것을 선택해 희생하는 이유

사람들은 큰 것과 작은 것 중에서 하나를 선택해야 할 때 큰 것을 희생하는 경향이 있다. 큰 것을 희생하면 '자기 찬양'이라는 보상을 받게 되지만 작은 것을 희생하면 이런 보상을 바랄 수 없기 때문이다.

다른 사람을 끌어내려
자기 수준과 맞추는 사람

평등에 대한 욕구는 두 가지 방향으로 나타난다. 하나는 (트집 잡거나, 무시하거나, 태클을 걸어서) 다른 사람을 모두 자기 수준으로 끌어내리는 것이고, 다른 하나는 (인정하거나, 돕거나, 남의 성공에 기뻐해서) 모두 함께 위로 올라가는 것으로 나타난다.

세상이 망하길 바라는 건
질투의 가장 높은 단계다

어떤 일이 잘되지 않으면, 그는 격분해 소리친다. "이 세상이 몽땅 망해버리면 좋겠어!"

이 끔찍한 감정은 질투의 가장 높은 단계다. 바로 여기에서 '내가 아무것도 가질 수 없으면, 세상 누구도 가져서는 안 돼. 온 세상이 다 아무것도 아니어야 해'와 같은 생각이 나온다.

과거조차 내려놓지 못하고
여전히 소유하려는 사람

인간은 오직 소유하기 위해 행동하는 것처럼 보인다. 적어도 과거의 모든 행위로 뭔가를 차지했다는 뉘앙스를 풍기는 말속에는 이런 생각이 들어 있다. 예를 들어 "말했노라. 싸웠노라. 승리했노라"는 격언에는 전투 끝에 승리를 거뒀다는 의미가 담겨 있다. 이럴 때 인간은 얼마나 탐욕스러운 면모를 드러내는가! 심지어 인간은 이미 지나간 과거조차 내려놓지 못하고 여전히 소유하려 한다!

자기 자신의 실패를 삭제하는
유일한 피조물인 인간

우리 인간은 실패했을 때, 잘못된 문장을 삭제하듯이 자기 자신을 삭제할 수 있는 유일한 피조물이다. 그것이 인류의 명예를 위해서든, 인류를 동정해서든, 아니면 우리 자신에 대한 반감에서든 자기 자신의 실패를 삭제해버린다.

일어나기도 전에 미리 좋다고
말하지 말라

어떤 것이 우리에게 좋아 보이면, 그것이 좋다고 더는 말하지 말라. 특히 일어나기도 전에 미리 좋다고 말하지 말라. 이것이 기쁨을 진짜로 유지할 수 있는 단 하나의 수단이다. 그렇지 않으면 기쁨은 너무도 쉽게 김이 빠져 맛이 상하고, 오늘날 모든 계층의 국민에게는 품질이 떨어진 식품처럼 되어버린다.

여러 사건에 깊이 몰두하면
공허한 인간이 되기 쉽다

여러 사건에 깊이 몰두하는 사람에게는 남는 것이 차츰 적어진다. 이런 이유로 위대한 정치가들은 그야말로 완전히 공허한 인간이 되기 쉽다. 하지만 이들도 한때는 충실하고 속이 꽉 차 있고 풍부한 사람이었다.

이른 나이에 업적을 쌓으면 손해가 되는 이유

이른 나이에 이미 업적을 쌓은 자는, 보통 연륜과 나이 든 사람에 대한 외경심을 잃게 된다. 그 결과 그는 성숙한 사람들과 성숙한 사회에서 이탈하게 된다. 이것이 그에게 있어 가장 큰 손해가 될 것이다. 결국 그는 업적은 일찍 이루었지만, 남들보다 더 오랫동안 애송이이자 뻔뻔하며 어린아이 같은 자로 취급받을 것이기 때문이다.

니 / 체 / 아 / 포 / 리 / 즘

"우리가 지나치게 안주하지 않기를!" 그리스인들은 모든 것이 다 좋게만 돌아갈 때 은연중에 이런 불안을 느끼고 스스로 '자제하라'라고 훈계했다. 그런데 우리는 어떠한가!

인생의 지평에 산맥이나 숲처럼 확고하고도 안정된 선이 없다면 우리의 내적 의지마저 불안정하고 산만하고 탐욕스러워진다. 그는 행복을 모르고, 그래서 행복을 주지도 못한다.

우리는 흘러간 시절이 좋았다고 느낄 때 다른 시절을 나쁘게 평가한다. 격세유전처럼 한 시절을 걸러서 이미 지나가버린 이상을 좇는 셈이다.

괴물과 싸우는 사람은 그 과정에서 자신도 괴물이 되지 않도록 주의해야 한다. 너무 오랫동안 심연을 들여다보고 있으면, 심연도 당신 안으로 들어와 들여다본다.

한 인간이 이뤄낸 높은 성과를 보려 하지 않는 사람은 대신 그 인간이 지난 천박한 점이나 표면적인 것을 더욱 날카롭게 바라본다. 이로써 그는 자신의 정체를 스스로 적나라하게 드러내고 만다.

종종 있는 일이지만 우리가 말해야 하는 진실이 우리의 본성에 반할 때가 있다. 이때 우리는 서툴게 거짓말을 늘어놓는 것처럼 말하고, 불신을 일으키려는 것처럼 행동한다.

물건을 살 때 값이 쌀수록 우리의 인색함은 커진다. 왜 그럴까? 혹여 가격의 작은 차이에서 비로소 인색함의 작은 눈이 뜨이는 걸까?

'불만'이란 나중에 그 원인을 제거한다고 해도 절대 해소될 수 없는, 말하자면 절대 나아질 수 없는 하나의 육체적 질병이다.

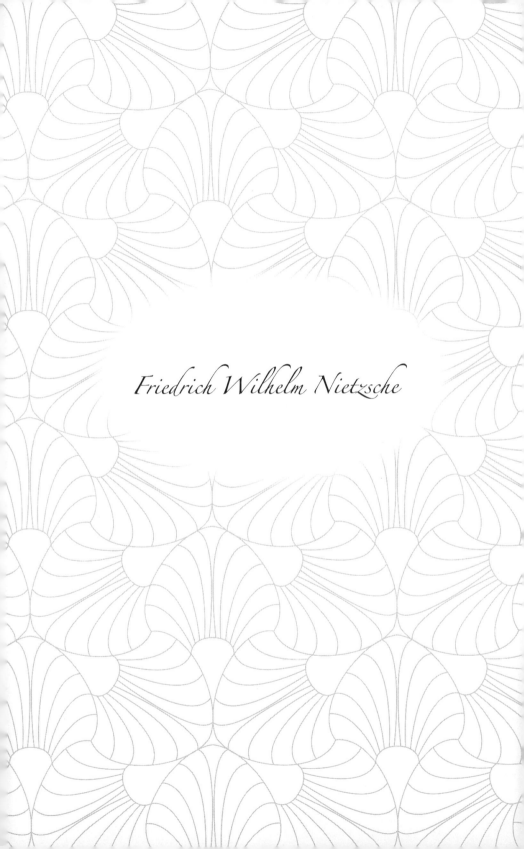

Friedrich Wilhelm Nietzsche

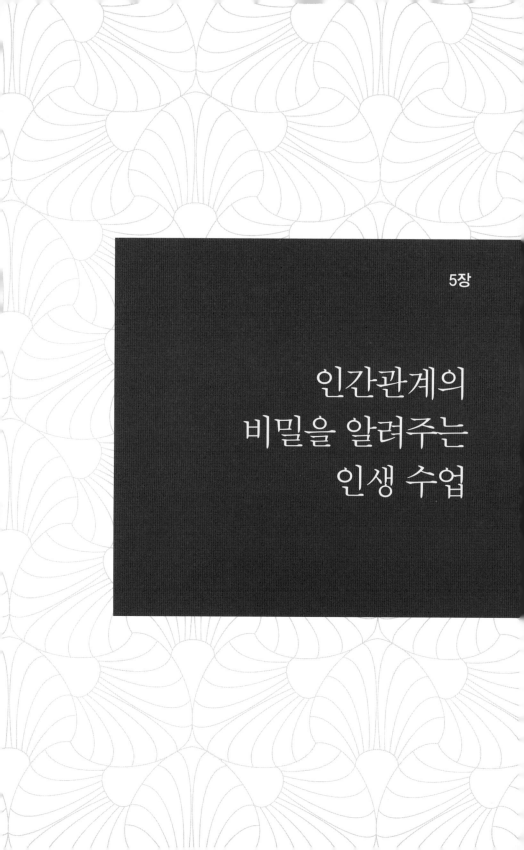

5장

인간관계의
비밀을 알려주는
인생 수업

진리를 듣고 싶다면,
광대를 곁에 두어야만 한다

매우 아름답거나, 매우 선하거나, 매우 권세가 있는 이들은 대개 어떤 것에 대한 완전하고 적나라한 진실을 듣지 못한다. 이들 앞에서는 사람들이 본의 아니게 약간의 거짓말을 하기 때문이다.

사람들은 이들에게 영향을 받아서 스스로 생각하기에 적합한 방식으로 진실을 전달하려 한다. 즉 사실에 색깔을 입히고, 정도껏 위조하고, 세부적인 점들을 생략하거나 덧붙이는 것이다. 만약 적절하게 변형시킬 수 없는 것이 있다면 아예 입 밖에 내지 않는다.

그런데도 어떻게든 진리를 듣고 싶다면, 광대를 곁에 두어야만 한다. 즉 누구에게도 자신을 맞출 필요가 없는 광인의 특권을 가진 그런 존재를 곁에 두어야 한다는 말이다.

사람들을 화나게 하려면
오래 기다리게 하면 된다

사람들을 화나게 하고 악한 마음을 품게 만드는 가장 확실한 수단
은 상대를 오랫동안 기다리게 하는 것이다. 기다림은 사람을 비도
덕적으로 만든다. 오래 기다리게 하면 그 누구라도 비도덕적인 사
람이 된다.

허영심이 매우 강한 사람들을
물러나게 하는 법

애초에 확고한 근거를 바탕으로 뭔가를 믿거나 믿지 않는 사람은
극소수뿐이다. 따라서 대부분의 경우에는 굳이 날 선 공격을 하지
않아도 뭔가에 대한 사람들의 믿음을 뒤흔들 수 있다. 그저 그들의
믿음에 대해 논박하면서 조금 소란을 피우는 정도로도 충분하다.
어떤 이들은 딱총 소리처럼 조금만 시끄러운 소리가 나도 금세 믿
음이 흔들리곤 한다.

　또 허영심이 매우 강한 사람들을 상대할 때는 맹렬하게 공격할
것 같은 기색만 보여도 된다. 이들은 상대방이 진지하게 상대할 생
각이라는 것을 알면 순순히 물러난다.

상대와 화해하고 싶다면
유머를 펼칠 기회를 주라

상대와 화해하고 싶다면 우리는 어떻게 해야 할까? 우리가 손해를 끼친 상대에게 개인적으로 보상하고, 아울러 호감을 사려고 할 때 어떤 사람은 그저 유머를 펼칠 기회를 주는 것으로도 충분한 경우가 있다.

대화에서 가장 좋은 반응을
상대에게 이끌어내는 방법

대화에서 상대에게 가장 좋은 반응을 이끌어내는 방법은 그가 자신의 명민함과 사랑스러움을 빛낼 수 있도록 기회를 주는 것이다. 지혜로운 사람들은 이러한 점을 이용해서 대화를 나눌 때 상대에게 재치 있는 말을 할 최고의 기회를 만들어줌으로써 호감을 이끌어낸다.

누군가의 속마음을 알고 싶다면
이런 기술을 연마하라

분노는 영혼을 소진시키고 자신의 밑바닥을 밖으로 드러내게 만든다. 그래서 누군가의 속마음을 명확히 알 방법이 없을 때에는 그의 주변 사람들, 추종자와 적을 화나게 하는 기술을 연마해두는 것이 좋다. 그로써 그가 당신에게 맞서 근본적으로 무슨 일을 하고, 무슨 생각을 하는지 모든 것을 알 수 있다.

감사해야 할 의무가
있다는 것을 알게 되면

섬세한 영혼을 지닌 사람은 누군가가 자신에게 감사해야 할 의무가 있다는 것을 알게 되면 우울해진다.

반면에 거친 영혼을 지닌 사람은 자신이 누구에겐가 감사해야 할 의무가 있음을 알게 되면 우울해진다.

받은 것보다 더 많이 갚아
과거의 굴욕감을 되갚아주다

헤시오도스(고대 그리스의 서사 시인 - 옮긴이)는 자신을 곤경에서 구해준 이웃에게 능력이 되는 한 충분히, 가능하다면 자기가 받은 것보다 더 많이 돌려주라고 권한다. 그러면 한번 베푼 친절로 이자까지 받은 이웃 사람도 무척 기뻐하겠지만 빚을 갚은 사람도 큰 기쁨을 느낄 것이다. 조금 더 많이 갚음으로써 주는 자가 되어 이전에 도움을 받아야 했던 순간에 느꼈던 굴욕감을 되갚아줄 수 있기 때문이다.

칭찬하는 사람이 내미는
달콤한 몰염치

여기에 한 사람이 너를 칭찬하려 한다. 넌 그것을 알아차리고 입술을 질끈 깨물었다. 가슴이 죄어온다. 아, 이 잔이 그냥 지나갔으면! 그러나 그는 지나치지 않고 이쪽으로 오고 있다. 그렇다면 어쩔 수 없다. 칭찬하는 사람이 내미는 달콤한 몰염치를 마셔버리는 수밖에! 그가 하는 칭찬의 핵심에 담긴 역겨움과 깊은 경멸을 극복해야 한다. 감사하는 기쁜 마음이 드러나도록 얼굴에 주름살을 만들자. 그는 정말로 우리를 기쁘게 하려는 것이다!

이런 일이 일어나면 우리는 그가 스스로 매우 뛰어나다고 여긴다는 것을 알게 된다. 그는 우리를 상대로 승리를 거두었다고 생각한다. 심지어 자기 자신에게도 승리했다고 여긴다. 이런 무뢰한 같으니! 그도 그럴 것이 '자기 자신'에게 이런 칭찬을 받기는 쉽지 않다.

너 자신을 위해서였지
상대를 위해서가 아니었다

너는 어리석은 행동으로 이웃에게 심한 고통을 주었고, 결정적으로 그의 행복을 완전히 망가뜨려서 더는 회복할 수 없을 지경이 되었다. 상황이 이렇게 되고 나서야 너는 허영심을 극복하고 그에게 찾아가 그의 앞에서 자신을 비하한다. 어리석은 행동을 한 자신을 경멸하라고 그에게 너를 내맡기는 것이다. 그러면서 이 지독한 상황, 특히 너에게 견디기 힘든 상황이 지나가면 근본적으로 모든 일이 다 해결되었다고 여긴다. 또 네가 강제로 망가뜨린 다른 사람의 행복에 관한 문제도 네가 스스로 명예를 실추시켰으니 다 해소된 것이라고 생각한다. 그렇게 해서 자신의 덕목이 회복되었다고 여기고 기운을 차려 그 자리를 뜬다.

그러나 상대의 고통은 오히려 이전보다 훨씬 더 심해졌을 뿐이다. 네가 그를 찾아가 자신이 어리석었노라 시인한다고 해도 그 말은 그에게 아무런 위로도 되지 못한다. 오히려 네가 그 앞에서 너 자신이 경멸스럽다고 말할 때, 그는 네가 고통을 가한 상황을 떠올렸을 것이다. 순전히 네 덕분에 그는 또다시 새로운 상처를 받았다.

그러나 그는 복수할 생각은 하지 않는다. 어떻게 해야 너와의 사이에서 벌어진 일을 상쇄할 수 있을지 알지 못하기 때문이다. 너는 이제까지 모든 장면에서 너를 증인으로 내세웠지만 이는 너 자신을 위해서였지 상대를 위해서가 아니었다. 그렇지 않은가? 아니라고? 너 자신을 속이지 말라!

오만불손한 태도를
사람들에게 보이지 말아야 한다

오만불손한 태도는 사실 자부심이 있는 것처럼 겉으로 꾸미고 가장한 것에 불과하다. 그러나 자부심이란 본래의 특성상 겉으로 꾸며서 연극을 할 수도, 다른 것으로 위장할 수도, 또 가장할 수도 없는 것이다. 따라서 오만불손한 태도는 자신의 무능력을 감추기 위해 다른 걸로 자부심을 가장해보려는 것일 뿐이며, 대부분 실패한다. 그렇기에 오만불손한 사람이 다른 것으로 꾸며 자신을 가장했다는 사실이 드러나면, 다음의 세 가지 불쾌한 일이 일어날 것임을 예상할 수 있다. 첫째, 그가 우리를 기만하려 했기 때문에 우리는 그에게 화를 낼 것이다. 둘째, 그가 우리에게 자신이 더 우월하다는 걸 보여주려 했기 때문에 우리는 그에게 화를 낼 것이다. 그리고 마지막으로, 그의 두 가지 시도가 모두 실패했기 때문에 사람들은 그를 비웃을 것이다. 따라서 절대 오만불손해서는 안 된다!

그를 향한 너의 혐오만 믿을 뿐, 그 근거들은 믿지 않는다

너는 그를 혐오한다. 그러고는 그를 혐오하는 근거들도 풍부하게 제시한다.

그러나 나는 너의 혐오만을 믿을 뿐, 네가 제시하는 근거들은 믿지 않는다! 그것은 본능적으로 생기는 것인데, 너는 마치 이성적인 추론으로 생긴 것처럼 너 자신과 내게 제시한다. 이는 너 자신을 미화시키는 것이다.

갑자기 치욕을 당하면
느끼게 되는 것들

갑자기 치욕을 당하면 '내가 세상의 중심'이 된 것처럼 느끼게 된다. 이때 우리는 파도의 한가운데에서 마비된 것처럼 서 있고, 하나의 커다란 눈이 모든 방향에서 우리를 꿰뚫어 보고 있어서 우리의 눈이 멀어버린 것 같은 느낌이 든다.

상대가 나약하다고 느낄 때에야 비로소 증오하는 사람

어떤 사람들은 상대가 나약하고 피곤하다고 느낄 때에야 비로소 증오한다. 그렇지 않을 때는 너그럽게 보아 넘기거나 정당하다고 여긴다.

또 어떤 사람들은 복수할 가능성을 보고 나서야 비로소 증오한다. 그렇지 않을 때 이들은 특히 은밀하고 공공연한 분노를 조심하면서, 분노가 일어날 계기가 있으면 생각하지 않고 지나쳐버린다.

'그는 사람을 볼 줄 모른다'라는
말의 두 가지 의미

'그는 사람을 볼 줄 모른다'라는 말은 어떤 사람에게는 '그는 비열함을 모른다'라는 의미이지만 다른 사람에게는 '그는 비상하지는 않지만 비열한 방법을 너무도 잘 알고 있다'라는 또 다른 의미가 될 수도 있다.

좋은 덕목 중 하나인 예의로
서로에게 부담을 안 주려면

예의는 네 가지 덕목 중 하나로 매우 좋은 덕목이다. 어쩌면 우리가 최종적으로 지향해야 하는 덕목일 수도 있다.

그러나 우리가 예의로 서로에게 부담을 주지 않으려면, 지금 내가 관계하고 있는 사람이 나보다 예의가 좀 덜 하거나, 아니면 더 예의가 바르거나 해야 한다. 그렇지 않으면 우리는 그 자리에서 꼼짝없이 아무것도 못 하게 된다. 말하자면 예의는 우리를 매끄럽게 만들지만, 또 단단히 얼어붙게도 한다.

아무것도 잊지는 않지만,
모든 걸 용서한다면

'그는 아무것도 잊지는 않지만, 모든 걸 용서한다.' 이런 사람은 사람들에게 두 배로 미움을 받는다. 왜냐하면 그는 기억하고 너그러움을 보임으로써 다른 사람을 두 배나 더 부끄럽게 만들기 때문이다.

적을 죽이고 싶다는
마음에 시달리고 있다면

자신의 적을 죽이고 싶다는 마음에 시달리고 있다면 한번 곰곰이
생각해보라. 당신의 그런 생각 때문에 오히려 적이 당신의 마음속
에서 불멸의 존재가 되는 것은 아닌가? 당신이 오히려 적을 불사의
존재로 만들어주고 있는 것은 아닌가?

높은 위치에 올라서야
고귀한 자비를 보이는 사람

위대한 것을 추구하는 사람은 자신의 길에서 만나는 모든 사람을
수단으로 보거나 갈 길을 지연시키는 장애물로 여긴다. 또는 잠시
쉬어갈 수 있는 휴식용 침대로 여기기도 한다.

마침내 그가 높은 위치에 올라 지배하게 될 때에만 비로소 그만
의 고귀한 자비를 보여줄 수 있다. 그 전의 성급함에 빠진 상태에
서는 의식적으로 한 편의 희극을 공연하게 된다. 왜냐하면 그에게
는 모든 것이 희극일 뿐이기 때문이다. 그 희극의 모든 수단에는
목적이 숨어 있으며, 그렇게 그는 다른 사람들과의 교제를 모두 망
가뜨려버린다.

만족할 줄 모르는 야심가들이
아첨꾼들을 다루는 법

만족할 줄 모르는 야심가들의 진짜 영리한 면모는 아첨하는 사람들을 대할 때 드러난다. 그들은 아첨꾼들은 볼 때마다 느끼는 경멸감을 눈치채지 못하게 하면서 관대히 대하는 듯 보이게 한다. 마치 오로지 관용만을 베푸는 신처럼 말이다.

가장 비열한 비방을 퍼트리는 건
가까운 이들이다

원래 비열한 비방을 한 자가 누구인지 찾으면, 확실하고 뻔한 적은 아니기 마련이다. 이들은 적이기 때문에 우리에 대해 어떤 비방을 한다고 해도 다른 사람들이 좀처럼 믿어주지 않는다. 오히려 가장 비열한 비방을 퍼트릴 수 있는 것은 우리와 가까운 이들이다. 한동안 우리에게 많은 이득을 받았던 자들, 그런데도 어떤 이유로든 더 이상 우리에게 얻을 게 없다고 확신하는 자들이야말로 그렇다. 이들은 겉으로 보기에는 우리와 친한 사이이고, 우리를 비방해봤자 이들 자신에게 손해가 될 뿐이므로 그런 비방을 꾸며내지는 않을 것이라는 신뢰를 받는다.

'복수하고 싶지 않다'라는
말을 입 밖에 내지 마라

복수는 매우 섬세한 행위인 데다 종류도 다양해서 복수할 동기가 있는 사람은 철저히 복수할 수도 있고, 또는 하지 않고 그대로 놔둘 수도 있다. 어느 쪽을 택하든 시간이 지나면 세상 사람들이 모두 그가 복수했다는 사실에 동의할 것이다. 따라서 복수를 하지 않는다는 것은 한 사람이 마음대로 결정할 수 있는 일이 아니다.

특히 '복수하고 싶지 않다'라는 말은 절대로 입 밖에 내서는 안된다. 이런 말은 복수할 가치도 없는 경멸의 대상이라는 의미가 될 수 있어서 의도와 달리 교묘하고도 매우 심한 복수가 될 수 있기 때문이다. 불필요한 말은 아예 하지 말아야 한다는 것이 만고의 진리다.

주변의 호의와 증오에
너무 쉽게 휩쓸리는 이유

우리는 스스로 찬성과 반대를 결정하기도 전에 주변의 호의와 증오에 예민하게 반응해서 휩쓸리곤 한다. 어째서일까? 그 이유는 첫째, 주변에서 한목소리로 질타하는 상황에서 판단을 삼가기가 무척 어렵기 때문이다. 우리는 허영심 때문에라도 이런 상황에서 입을 다물지 못한다. 때로 자신의 생각과 감정의 빈곤함 또는 두려움과 연약함 때문에 주변과 다른 색깔을 띠기도 한다. 이 편이 우리의 자존심을 좀 더 만족시킬 경우, 주변 환경에 맞서 어느 한 편을 들수도 있다. 하지만 대개의 경우 우리는 무관심하기 때문에 주변 환경을 그대로 따라가 스스로 의식하지 못하는 사이에 호의나 증오로 휩쓸리게 된다. 둘째, 대세에 순응하고 찬성하는 것이 제일 편한 방법이기 때문이다. 그렇기에 우리는 주변 환경의 색을 그대로 받아들여 같은 표식과 당파의 색을 띠게 된다.

자신에 대한 남들의 평가에
귀 기울이지 마라

자신이 남들에게 어떤 평가를 받고 있는지 항상 귀를 기울이는 사람은 언제나 화가 나 있다. 그도 그럴 것이 우리는 가장 가깝게 지내는 '우리를 가장 잘 아는' 사람들에게도 곧잘 부당한 평가를 받기 때문이다.

생각해보라. 우리를 잘 안다는 친한 친구들조차도 기분이 안 좋을 때는 부적절한 말을 한다. 우리와 상관없는 사람의 판단도 심한 상처를 주기는 마찬가지다. 그들의 평가는 매우 솔직하고 사무적으로 들리기 때문에 더욱 아프다. 그럴진대 하물며 적으로 간주하는 사람이 우리가 비밀로 간직하고 싶어 하는 일을 잘 알고 있다면 얼마나 불쾌하겠는가!

동정이나 자비보다 호의가
더 큰 역할을 했다

학문은 크고 드문 것보다 작지만 빈번히 일어나기에 상당한 영향력이 있는 것에 더욱 주의를 기울여야 한다. 그리고 여기에는 호의가 포함되어야 한다. 그것은 누군가를 사귈 때 친절을 드러내는 표현이나 눈웃음 혹은 악수를 비롯해 일반적으로 인간의 모든 행위에 깃든 유쾌함이다. 교사나 공무원도 각각의 의무를 행할 때 이러한 양념을 활용한다. 이는 지속적인 인간다움의 증거이자, 모든 것을 성장케 하는 인간다운 빛의 너울이다. 특히 가족이나 절친한 친구에게서 호의를 받을 때 인생은 파릇하게 생기를 띠고 충만해져 꽃을 피운다. 선함과 우정과 진심에서 우러난 상냥한 태도는 곧 비이기적인 충동이 계속 일어나 넘치는 것이다.

이러한 호의는 문화를 건설하는 데 있어 그 유명한 동정이나 자비나 헌신보다도 큰 역할을 했다. 그런데 우리는 이런 호의를 과소

평가한다. 사실 호의에는 비이기적인 요소가 그리 많진 않으나, 작은 것들이 모여 커지고 그 총량이 아주 막강해진다. 마찬가지로 호의를 받으면 흐린 눈으로 세상을 볼 때와는 달리 많은 행복을 발견하게 된다. 이치를 올바르게 따지고 각자의 삶에서, 가난한 삶에서조차 하루하루를 충만케 하는 기분 좋은 순간들을 놓치지 않는다면 말이다.

동정심이 많은 사람이
불필요해지는 순간

동정심이 많은 사람, 즉 다른 사람에게 불행한 일이 생기면 언제든 도우려 하는 사람치고 기쁜 일에도 함께 기뻐하는 사람은 거의 없다. 남이 행복할 때면 그들은 해야 할 일이 없어 불필요해지기 때문이다. 따라서 우월함도 느끼지 못하게 되기 때문에 이내 불만을 드러낸다.

복수를 행동으로 옮기는 사람, 복수심만 품은 사람

복수할 마음을 가지고 정말 행동으로 옮기면 극심한 열병에 걸린 듯한 발작이 일어난다. 그리고 이 발작은 사그라진다. 한편 복수할 용기와 능력이 없는데도 그런 마음을 품고 있다면 이는 육체와 영혼이 독에 중독된 셈이고 만성적인 고통에 시달린다.

의도에 초점을 둔 도덕은 이 둘을 같은 것으로 평가한다. 그런데 사람들은 보통 첫 번째 경우를 더 나쁘다고 생각한다. 아마도 복수의 행위로 인한 나쁜 결과 때문일 것이다. 하지만 두 가지 모두 근시안적인 평가이다.

인간은 복수심과
감사의 마음을 함께 품고 있다

강자가 감사를 표하는 까닭은 무엇인가? 그의 은인은 자비를 베푸는 행위로 실상 강자의 영역에 들어가 비중 있게 자리를 잡는다. 강자는 이에 보답하고자 감사로써 은인의 영역을 침범한다. 이를 두고 일종의 가벼운 복수라 하겠다. 충분히 보답하지 못할 경우, 강자는 무능함을 드러낸 셈이다. 그리고 앞으로도 무능력자로 여겨질 것이다. 선한 사람의 사회, 다시 말해 강자의 사회에서 감사는 첫 번째 의무이다. 조너선 스위프트(영국문학에서 지독한 염세주의자로 불리는 작가-옮긴이)는 "인간은 복수심과 감사의 마음을 함께 품고 있다"라고 말했다.

자신에게 조언하는 사람을
환자가 싫어하는 이유

환자에게 조언하는 사람은 환자가 그것을 용인하든 비난하든 자신이 그보다 낫다는 일종의 우월감을 느낀다. 그래서 예민하고 자존심이 강한 환자는 자신에게 조언하는 사람을 자신이 앓고 있는 병보다 더 미워한다.

진심에서 우러나오는
신뢰를 얻지 못한 사람

진심에서 우러나오는 신뢰를 얻지 못한 사람들은 자제와 엄격함 그리고 신뢰를 어느 정도 과소평가함으로써 자신의 고귀한 본성을 남들이 넌지시 알게끔 한다. 마치 강한 신뢰감을 드러내는 것이 부끄러운 일인 듯 치부하면서 말이다.

겁이 많은 사람은 남의 마음을
상하게 하지 않는다

겁이 많은 사람은 남의 마음을 상하게 하지 않는다. 남의 마음을 상

하게 하지 않고, 또 누구에게도 폐를 끼치지 않으려는 태도는 그가

정의롭다는 의미이기도 하지만 한편으로는 그가 겁이 많다는 의미

일 수도 있다.

누군가가 우리를 비난할 때
이를 반박하지 마라

누군가가 우리를 비난할 때 이를 반박하면 오히려 우리가 부당해 보이게 되는 경우가 있다. 이럴 땐 그 비난이 설령 날조된 것이라 해도 반박하지 않는 편이 좋다. 이런 유의 부당함은 늘 존재하므로, 그때마다 정당하게 해결하려 하면 결국 우리는 선한 마음을 지녔지만 폭군처럼 대하기 어려운 사람이 될 수밖에 없기 때문이다. 이런 일은 비단 개인뿐만 아니라 사회의 모든 계급에서도 일어날 수 있다.

자만심이 아주 강한 사람이
충분히 존경받지 못하면

자만심이 아주 강한 사람은 자기가 기대했던 만큼 존경받지 못하면 오랫동안 그 일을 감추고 자신과 상대의 눈을 가리려고 한다. 또한 자신이 충분히 존경받았다는 결론을 내리기 위해 심리학자가 되어 그럴싸한 구실을 찾아 핑계를 댈 것이다. 그러나 결국에는 목적을 이루지 못하고, 기만의 베일이 찢어지기 마련이다. 그러면 그는 더욱 심한 분노에 빠지게 된다.

이야기를 과장하느라
최상급 표현을 남발하는 사람

무언가에 대해 말하는 사람을 보면 실제로 그 일에 관심이 있어서 말하는 것인지, 아니면 이야기를 통해서 흥미를 일으키고 싶은 것인지 쉽게 알아차릴 수 있다. 후자의 경우라면 그는 이야기를 과장하느라 최상급 표현을 남발할 것이다. 그렇지만 자신이 생각하는 것만큼 그 일에 대해서 많이 생각해보지 않았기 때문에 그의 말을 듣는 사람에게는 대개 서툴게 느껴질 뿐이다.

무의식중에 다른 사람에게
무례를 범했다면

무의식중에 다른 사람에게 무례를 범할 수도 있다. 예를 들면 그 사람인 줄 모르고 인사하지 않았을 수 있다. 이런 경우 자신의 태도를 비난할 수는 없지만 화가 날 것이다. 그 행동 때문에 상대가 자신을 나쁘게 평가할 것이라는 생각이 들기 때문이다. 상대의 기분을 상하게 한 결과가 어떻게 돌아올지 두렵기도 할 것이고, 상대의 감정을 상하게 한 것이 고통스럽게도 느껴질 것이다. 허영심과 공포심, 동정심, 또는 이 모든 게 한꺼번에 일어날지도 모른다.

모욕하고 나서
나중에 용서를 구하는 것

모욕하고 나서 나중에 용서를 구하는 편이 모욕당하고 용서하는
것보다 훨씬 마음이 편하다. 전자의 경우는 권력도 행사하고 훌륭
한 인성도 과시할 수 있는 반면에, 후자의 경우는 몰인정하다는 인
상을 주지 않으려면 자신을 모욕한 자를 용서해 줄 수밖에 없다. 이
런 부득이한 이유로 상대가 용서를 구하며 머리를 숙이는 모습을
보는 즐거움마저 줄어들게 된다.

의도적으로 매섭게 말하거나
약간 과장하는 이유

사람들은 어떤 의견에 반대하면서 자기 의견을 펼칠 때 반대하는 의견이 주장하는 바를 피하느라 정작 자기 의견의 본질을 위배해 버리는 바보 같은 짓을 한다. 말하자면 의도적으로 더 매섭게 말하거나 약간 과장하기 마련이다.

뭔가 어려운 일을
남에게 요구하는 사람

뭔가 어려운 일을 남에게 요구하는 사람은 대체로 그 사안을 문제로 보는 대신 자기 계획을 실현할 유일한 가능성으로 생각한다. 상대가 그 일을 하게 만들고 싶다면, 상대의 눈에 이의를 제기하거나 반대할 기색이 보일 때 바로 이야기를 멈추거나 시간적 여유를 주지 말고 몰아붙여야 한다.

적이 생겼다는 사실에
괴로워하는 사람

때로 누군가에게서 어떤 것을 손에 넣으려면 그의 감정을 상하게 하고 서로 적이 되어야만 한다. 하지만 사람들은 적이 생겼다는 사실에 괴로워하면서 상대가 조금 마음이 누그러진 듯한 기색을 보이면 즉시 화해하려고 한다. 이렇게 되면 상대를 적으로 만들면서까지 손에 넣으려 했던 소중한 것이 '화해'라는 이름의 제단에서 제물로 바쳐지게 된다.

자기 방어는 내부가 아닌
외부에서만 가능할 뿐이다

인간은 본래 자기 방어에 뛰어나다. 특히 탐색하고 포위할 때 그렇다. 하지만 이것은 외부에서만 가능할 뿐 내부의 문제는 인지하지 못한다. 그러므로 방어를 위한 요새는 친구와 적을 배신자로 만들거나 자기 자신만 이용하는 비밀스러운 통로가 있지 않은 한, 사실상 필요 없다. 그러니 스스로 자신을 돌아보라!

천천히 불이 붙는 사람,
그냥 냉정하기만 한 사람

항상 냉정한 사람이 더 신뢰할 수 있는 사람일까? 쉽게 불이 붙는
사람은 식는 것도 빨라서 전적으로 믿을 수 없다는 인상을 준다. 그
런 이유로 항상 냉정하거나 냉정한 척하는 사람들이 더 믿을 만하
고 신뢰가 간다는 호의적인 편견을 갖게 된다. 하지만 천천히 불이
붙어서 오랫동안 식지 않는 사람들과 그냥 냉정하기만 한 이들은
전혀 다르다. 그런데도 사람들은 이 둘을 구분하지 못한다.

체계 안으로 들어가려면
완전히 바퀴가 되어라

체계 안으로 들어가고 싶다면 완전히 바퀴가 되어라. 그러지 않으면 바퀴 아래에 깔리게 될 테니!

이런 체계에서는 위에서 어떤 목적으로 사람을 쓰는지가 분명하게 드러나니 연줄을 찾는 것이 당연시된다. 그래서 이런 체계에서는 상대에게 '언젠가 내가 당신에게 도움이 될 수 있다'라는 의미로 윙크해 주의를 끌어도 모욕으로 여기지 않는다. 또 추천을 받고자 그에게 찾아가는 것이 부끄러운 일로 치부되지 않는다.

무엇보다 이런 체계에서는 관습에 순응해 능수능란하게 따르는 것이 중요하므로 한 사람의 존재가 하찮은 질그릇 정도로 격하된다. 일말의 책임감도 없이 닳도록 사용하다가 부서져도 눈치채지 못한다. 오히려 이런 체계에서는 사람들이 "나 같은 사람은 많으니 신경 쓰지 말고 마음껏 사용하시라"며 어필하는 듯하다.

통치하고 싶어 통치하는 이,
통치받기 싫어 통치하는 이

어떤 사람은 통치하고 싶어서 통치하고, 다른 사람은 통치받기 싫어서 통치한다. 후자에게 '통치한다는 악'은 '통치받는다는 악'보다 조금 더 작은 차악일 뿐이다.

사람들에게 좋은 모범과
본보기가 되고 싶다면

사람들에게 좋은 모범과 본보기가 되고 싶다면 당신이 지닌 미덕에 어리석음을 조금 덧붙여야 한다. 그러면 사람들이 당신의 그 어리석음을 얕보며 흉내 내다가 당신의 미덕도 무의식중에 따라 하게 될 것이다.

말을 해 분노가 폭발하면
차라리 말을 애써 삼켜라

어떤 성격의 사람은 불만을 말로 표출하는 편이 좋다. 말을 하면서
진정되기 때문이다. 또 다른 성격의 사람은 말을 하면서 오히려 분
노가 폭발한다. 그러니 차라리 말을 애써 삼키는 편이 현명하다. 그
로써 적대적인 상대 혹은 상사 앞에서 엄격한 자제력을 발휘해 성
격을 고칠 수 있다. 또한 지나치게 매서워지거나 기분이 나빠지는
상황을 막을 수 있다.

논쟁의 열기 속으로
쉽사리 뛰어들지 마라

자기 의견을 감추거나 그의 의견 뒤에 숨어라. 그렇게 하지 않는 사람은 세상이 흘러가는 이치를 모르거나, 경건하고 어리석은 수도회의 일원일 것이다. 자신의 사상을 얼음처럼 차갑게 유지하는 법을 아는 사람은 논쟁의 열기 속으로 뛰어들지 않는다.

복수를 생각하지 않고
상대를 고발하는 사람은 없다

내심 처벌과 복수를 생각하지 않고 누군가를 고발하는 사람은 없다. 심지어 자신의 운명뿐 아니라 자기 자신을 고발할 때에도 마찬가지이다. 모든 비탄은 고발이요, 스스로 기뻐하는 것은 모두 칭찬이다. 그러니까 우리는 비탄에 처하든지 기뻐하든지 간에 그 이유를 항상 누군가의 탓으로 돌린다.

솔직하지 못한 칭찬을 하면
양심의 가책을 더 느낀다

솔직하지 못한 칭찬을 했을 경우, 비열한 비난을 했을 때보다 나중에 훨씬 더 심한 양심의 가책을 느끼게 된다. 그 이유는 부당한 비난을 받았을 때보다 지나친 칭찬을 들었을 때 오히려 자신의 판단력이 조롱당한 느낌이 들기 때문일 것이다.

허영심이 강한 자들이
질투라는 가면을 사용한다

대범한 행동으로 적을 화나게 하더라도 질투를 겉으로 드러내면 대부분 적과 화해할 수 있다. 왜냐하면 질투심은 상대와 나를 비교하는 것으로, 본의 아니게 자신의 신세를 한탄하는 일종의 겸손과 동일시되기 때문이다. 그렇기에 질투하지 않았던 사람들도 이러한 이익을 얻기 위해 그런 가면을 뒤집어쓰지는 않았을까? 아마 그랬을 것이다. 행동의 대범함은 자기가 내적으로는 상대를 대등하게 여긴다는 사실을 드러내기보다는 차라리 손해를 보고서라도 적을 분노케 하려는 허영심의 발로다. 이런 허영심이 강한 자들이 질투라는 가면을 사용했을 것이다.

저주로 가득 찬
화살통을 들고 다니는 사람

우리는 다른 사람이 어떤 사안을 알든 모르든 너무 쉽게 받아들이는 반면에 정작 남들이 우리가 그것을 모를 거라 여기는 상상을 하는 것만으로도 극도로 불안해한다. 그리고 정말로 이런 특별한 바보들이 있다. 저주와 선전포고로 가득 찬 화살통을 들고 돌아다니며, 자신의 판단이 전혀 중요치 않은 사안이 있다는 사실을 일깨워주는 사람들을 쓰러트릴 준비를 한 바보들 말이다.

간청은 거절해도 되지만
감사는 거절하지 마라

사람들의 간청은 거절해도 되지만 절대 사람들의 감사를 거절해서
는 안 된다. 감사를 거절하는 것은 상대방에게 깊은 모욕감을 주기
때문이다. 또한 사람들의 감사를 차갑고 형식적으로 받아들이는 것
도 거절하는 것이나 다름없으므로 주의해야 한다.

적에게 철저히 지독하게
복수하고 싶다면

적에게 철저히 복수하고 싶다면 먼저 진실과 정의를 확보하고, 그 것을 적을 상대로 쓸 수 있을 때까지 태연하게 기다려야 한다. 그 렇게 해서 복수한다면 정의를 실행한 셈이 되므로 '가장 지독한 복 수'라 할 수 있다. 정의야말로 가장 높은 가치이므로 적은 더 이상 항소할 상급법원이 없기 때문이다.

그 사람이 내 약점을
알아차리지 않았는지 파악할 때

우리는 다른 사람의 약점을 찾을 때보다 그 사람이 내 약점을 알아
차리지는 않았는지 파악할 때 훨씬 더 섬세한 관찰력을 발휘한다.
이것으로 자신을 보호하려 할 때 감각이 평소보다 훨씬 섬세해진
다는 사실을 알 수 있다.

남에게 손해를 입혔을 때
좋은 일을 할 궁리를 하라

다른 사람에게 손해를 입혔을 때는, 무언가 좋은 일을 할 궁리를 해라. 만약 자신이 저지른 행위로 처벌받게 되면, 이로써 다른 사람이 똑같은 우를 범하지 않도록 경고하는 본보기가 될 테니 좋은 일이라고 생각하고 기꺼이 받아들여라.

자신의 약점으로
자신의 덕이 두드러지게 만드는 힘

우리는 누구나 약점이 있을 수밖에 없고, 그것이 우리를 지배하는 법칙이라는 사실을 인정해야만 한다. 그렇게 된다면 모든 사람이 이 약점으로 예술가적인 힘을 얻기를 바랄 것이다. 즉 자신의 약점으로 자신의 덕이 두드러지게 만드는 힘, 그 약점을 이용해 다른 사람이 그의 덕을 갈망하게 만드는 그런 힘 말이다.

위대한 음악가들은 약점의 힘을 대단히 잘 이용했다. 베토벤의 음악에는 거칠고 완고하며 초조한 음색이 자주 나타난다. 반면 모차르트의 음악은 정신적으로는 그다지 고매하게 느껴지지 않지만 우직하고 호탕한 의기를 발견할 수 있다. 또 아무리 인내심 강한 사람도 리하르트 바그너의 음악을 들으면 음색을 따라 튀어 오르면서 집요하게 밀려오는 불안을 느끼고, 좋았던 기분도 금방 사라져버릴 듯한 심정이 된다. 이런 면이 리하르트 바그너의 힘이다.

환상적인 이상에는
그 사람의 결점이 숨겨져 있다

우리는 자신의 결점에 가장 크게 열광하기 마련이다. '너의 원수를 사랑하라!'는 열광적인 명제를 발견한 것은 분명 인간 종족 중에서 가장 증오받았던 유대인들이었을 것이다. 또한 '순결이야말로 가장 아름다운 것'이라고 찬양하고 읊어대는 사람들은 청년기를 난잡하고 추악하게 보낸 이들이다. 이처럼 환상적인 이상에는 그 사람의 결점이 숨겨져 있다.

화를 내고 모욕해놓고는
동정을 요구하는 사람

실컷 화를 내고 다른 사람을 모욕해놓고는, 자신의 화가 가라앉으면 가장 먼저 상대방에게 자신을 나쁘게 생각하지 말라고 말하는 유의 사람이 있다. 이들은 그런 다음 상대방이 심하게 화를 내며 발작하는 바람에 자신이 한참 시달렸으니 불쌍히 여겨달라고 요구한다. 놀랍게도 인간의 오만불손함이 이 정도일 수 있다. 실컷 화를 내고 모욕해놓고는 동정을 요구하는 것만큼 오만불손한 행동이 있을까!

사람이 큰 선물을 받고도
배은망덕해지는 이유

사람들은 큰 선물을 받고도 왜 배은망덕해지는가? 아주 큰 선물을
한 사람은 선물을 받은 사람에게 진심으로 감사를 받지 못하기 마
련이다. 큰 선물을 받은 사람은 그것만으로도 너무 부담스러워하
기 때문이다.

위로가 필요한 사람에게
가장 효과적인 위로의 수단

위로가 필요한 사람에게 가장 효과적인 위로의 수단은 '그들이 처한 상황에서는 어떠한 위로도 도움이 되지 않는다'라는 주장이다. 이런 주장은 위로가 필요한 사람들이 다시 고개를 들게 만드는 일종의 훈장이다.

어떤 사람에 대한
인상을 규정하는 것의 실체

처음 대하는 낯선 사람들의 눈에 비친 우리는 우리가 자신을 바라보는 것과 전혀 다르다. 그들의 눈에는 우리가 전혀 다른 존재로 보일 수 있다. 그런데도 우리는 이러한 사실을 너무 쉽게 잊어버린다.

즉 대부분 어떤 사람에 대한 인상을 규정하는 것은, 특히 눈에 띄는 것 그 이상의 것이 아니다. 그래서 가장 온화하고 가장 공정한 사람도 커다란 콧수염을 기르고 있다면, 그는 곧 그 커다란 콧수염의 그늘에 가려지게 된다. 그렇게 되면 사람들은 그라는 존재가 큰 콧수염의 부속품인 것처럼 군인 같고, 쉽게 화를 내고, 상황에 따라 폭력적으로 변하는 사람이라는 보편적인 인상을 받을 것이다. 그러고는 그 사람 앞에서는 자신들이 내린 이러한 생각에 따라 행동할 것이다.

박애, 고귀, 자선, 희생은
누구나 물게 되는 미끼다

'모든 사람에겐 자기만의 가치가 있다'라는 말은 사실이 아니지만 '누구나 물 수밖에 없는 미끼가 있다'라는 것은 분명한 사실이다. 따라서 많은 사람을 설득하고 싶다면 어떤 하나의 사안에 박애, 고귀, 자선과 희생과 같은 휘황찬란한 말을 덧붙이면 된다. 그리고 이런 광채를 덧붙일 수 없는 사안이란 없다! 박애, 고귀, 자선과 희생은 달콤한 사탕이나 과자와 같아서 많은 영혼이 물 수밖에 없는 미끼다.

전반적으로 오해받는 경우에는 각각의 오해를 완전히 풀기란 불가능하다. 그러므로 자기를 방어하느라 지나치게 노력하지 않도록 유의해야 한다.

누군가가 우리에게 사과한다면 그 내용이 아주 그럴듯해야 한다. 그렇지 않으면 우리 탓인 것 같은 느낌이 들어서 오히려 기분이 불쾌해진다.

힘든 하루를 보냈는데도 저녁에 아무것도 없는 텅 빈 그물을 들고 귀가하는 어부처럼 쓰디쓴 감정에 매몰된 사람을 특히 조심해야 한다. 텅 빈 그물에 든 복수심!

인간이 빛에 이끌리는 것은 더욱 잘 보기 위해서가 아니라, 더욱 잘 빛나기 위해서이다. 대개 사람은 빛나는 사람 앞에 있으면 자신도 빛이 난다고 착각하는 경향이 있다.

공공장소에서 다른 사람의 명예를 존중하듯이, 혼잣말을 할 때도 다른 사람들의 명예를 위해 예의를 지켜야 한다. 만일 그렇게 하지 않는다면, 무례한 사람이다.

어떤 사람을 달리 생각해야 할 경우, 우리는 그가 우리에게 저지른 불쾌한 일을 그의 탓으로 돌리고 가혹한 평가를 한다.

성격이 거친 사람은 모욕당하면 모욕의 정도를 최대한 심하게 받아들이고, 아주 과장된 어조로 모욕의 원인을 떠벌린다. 이것은 한 번 싹튼 증오심과 복수심에 제대로 도취하기 위함이다.

당황한 사람을 진정시키는 방법은 무엇인가? 매우 당황한 사람들을 진정시키고 도움을 줄 수 있는 가장 좋은 방법은 분명한 태도로 그들을 칭찬하는 것이다.

용감한 사람을 설득하는 법은 무엇인가? 용감한 사람들이 어떤 행동을 하도록 설득하려면, 그 행위를 실제보다 더 위험해 보이도록 묘사해야 한다.

사람이 누군가를 공격하고 고통스럽게 만드는 이유는 비단 상대를 이기기 위해서뿐만이 아니라 자신의 힘을 확인하고 싶기 때문이다.

누군가가 죽었을 때 위로가 필요한 진짜 이유는, 대부분 고통을 덜기 위해서라기보다는 오히려 너무 쉽게 위안을 찾은 것 같아서 미안한 마음을 달래기 위함이다.

사람들은 '어떤 일로 기뻐한다'고 하지만 사실은 그 일을 해낸 자기 자신에게 기쁨을 느끼는 것이다.

질투와 시기는 남들과 자신을 비교하는 데서 비롯되는 영혼의 인간적인 수치심이다. 비교는 영원히 계속될 것이다.

베풀어준 은혜에 너무 과하게 감사 표시를 한 나머지, 감사의 끈으로 자기 목을 조르고 마는 노예와 같은 영혼이 있다.

뭔가 새로운 소식을 들려주면, 이를 예민하게 받아들이는 사람들이 많다. 이는 새로운 소식을 알려주는 이가 남보다 먼저 알았다는 우월감을 느끼기 때문이다.

예민하고 직감이 강하면서도 질투심이 큰 사람은 자신이 경쟁자보다 우위에 있다고 생각하고 싶어 한다. 그래서 이들은 경쟁자를 정확히 알려고 하지 않는다.

Friedrich Wilhelm Nietzsche

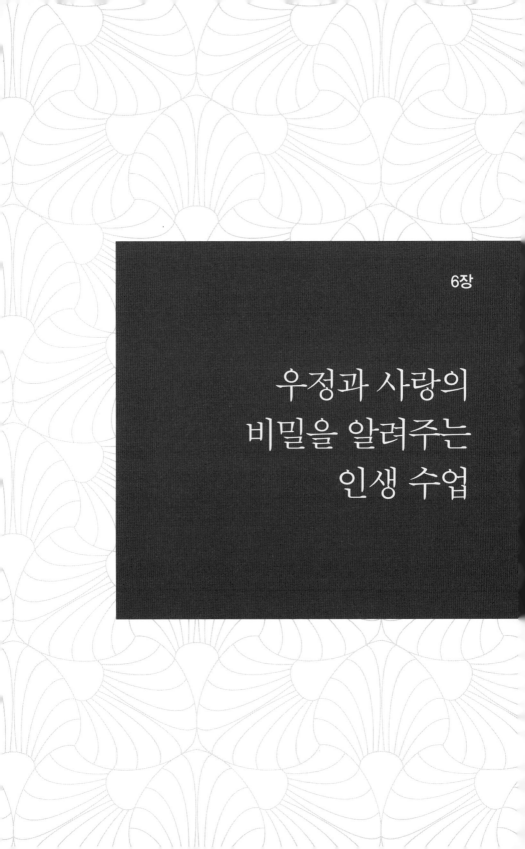

6장

우정과 사랑의
비밀을 알려주는
인생 수업

두려움을 잘못 알아낼 때와
사랑을 잘못 알아낼 때

인간에 대한 일반적인 통찰을 더욱 촉진한 것은 사랑보다는 두려움이었다. 왜냐하면 두려움은 다른 사람이 어떤 존재인지, 그가 무엇을 할 수 있는지, 그가 무엇을 하려 하는지 알아내려 하기 때문이다. 두려움은 만일 잘못 알아내면 위험과 불이익이 닥칠까봐 우려한다.

반대로 사랑에는 가능한 한 다른 사람이 지닌 아름다움을 많이 보고, 그를 높이 올리고자 하는 은밀한 충동이 있다. 이 경우 잘못 알아낸다 해도 사랑에는 다 즐거움이고 이익일 것이다. 그래서 사랑은 잘못 알아내는 것이다.

말을 빠르게, 많이 하면
반드시 경멸을 받는다

경멸을 받는 가장 빠른 방법은 '말을 빠르게, 많이 하는 것'이다. 그런 사람과 아주 잠깐 교제해보면 그가 아무리 합리적으로 말해도 그에 대한 신뢰가 급격히 줄어드는 것을 느낄 수 있다. 우리는 그런 사람을 대할 때 그냥 좀 귀찮은 정도가 아니라, 그보다 훨씬 더 심하게 느낀다. 그 이유는 그동안 그가 얼마나 많은 사람을 귀찮게 했을지, 또 그로 인해 상대가 어떤 불쾌함을 느꼈을지 미루어 짐작할 수 있을 뿐 아니라 우리가 그에 대해 전제하는 경멸까지 덧붙여지기 때문이다.

신뢰에 대한 증거로 비밀을
털어놓으면 안 된다

때로는 지금까지 비밀로 해온 것을 최근에 사귄 사람들이 먼저 알게 되기도 한다. 이때 우리는 신뢰에 대한 증거로 비밀을 솔직히 털어놓으면 그들을 우리 곁에 단단히 묶어놓는 견고한 고삐가 될지도 모른다는 어리석은 생각을 하게 된다. 이들은 약속을 깨고 비밀을 털어놓는 것이 우리를 얼마나 고통스럽게 하는지 알지 못하고, 또 우리의 일도 잘 알지 못하기 때문에 전혀 배반이라고 생각하지 않고 우리의 비밀을 다른 사람에게 발설하고 만다. 그 결과 어쩌면 우리는 오랜 친구를 잃게 될지도 모른다.

오만불손하다는 평판만큼
더 안 좋은 건 없다

오만불손이라는 이름의 잡초가 자라면 아무리 농사를 잘 지어도 전부 망치게 된다. 세상에 오만불손함을 조심하는 것만큼 중요한 일은 없다. 왜냐하면 이것은 진심, 경의의 표시, 호의적인 친근함, 연애, 우정 어린 충고, 잘못에 대한 고백, 타인에 대한 동정에도 들어 있기 때문이다. 이렇게 아름다운 것들마저도 그사이에 오만불손이라는 잡초가 자라면 결국 다른 사람의 반감을 사기 마련이다.

오만불손한 사람, 자신을 있는 그대로의 모습보다 대단하게 보이고 싶어 하는 사람은 언제나 존경받는다고 착각한다. 사실 그가 잠깐 존경을 받을 수는 있다. 그가 오만불손하게 굴었던 사람들이 대부분 두렵거나 귀찮다는 이유로 그의 요구대로 존경을 표하기도 하기 때문이다. 그러나 그의 요구가 도를 넘어서 더 이상 용인할 가치가 없어지면 사람들은 그에게 혹독하게 보복할 것이다. 이런 경우 사람이 치를 수 있는 가장 큰 대가는 멸시받는 것이다. 멸시받는 사람은 실제로 자기 손으로 위대한 업적을 이루어도 정말 그가 해낸 것이 맞는지 남들에게 의심받으며, 업적도 아주 사소한 일로 치부되기 마련이다. 사람들은 아무렇지도 않게 흙 묻은 발로 그의 업적을 짓밟아버릴 것이다.

그러므로 명예로운 행동마저 오해받는 상황에 처하고 싶지 않다면 오만불손한 태도는 가장 안전한 곳, 이를테면 친구와 아내 앞에서만 보여야 한다. 이들은 다소 오만불손한 태도를 보여도 용인할 테니 말이다.

사람들과 교제하는 데 오만불손하다는 평판을 받는 것보다 더 어리석은 일은 없다. 이는 정중하게 거짓말하는 법을 배우지 못한 것보다도 더 악영향을 미친다.

정신이 피로할 때는
사람들에게 쌀쌀맞아진다

우리가 사람들에게 보이는 무관심과 쌀쌀함은 원래부터 냉혹하고 성격적 결함이 있어서일 수도 있지만, 대개는 정신적인 피로 때문인 경우가 많다. 즉 정신이 피로할 때는 다른 사람, 심지어 우리 자신마저도 아무래도 상관없거나 귀찮아진다.

히포콘드리 환자가 질투심에
시달리게 되는 이유

히포콘드리 환자(건강염려증이라 진단되는 심기증 환자-옮긴이)는 자신의 고통과 상실, 결함을 속속들이 마주하고 받아들이는 정신을 지녔고, 이런 데 흥미를 느끼는 유형의 인간이다. 다만 그가 정신적인 영양분을 얻을 수 있는 영역은 너무 작기에 금세 그곳에 있는 것들을 다 먹어 치워서 지푸라기 하나 남지 않게 된다. 그래서 결국 히포콘드리 환자는 질투심에 시달리는 인색한 사람이 되고, 주변 사람들은 그를 더 이상 견딜 수 없게 되는 것이다.

동료와 친구를 제물 삼아
자신을 즐겁게 하지 마라

우리에게는 타인의 호평이 중요하다. 그 첫 번째 이유는 호평이 우리에게 유익하기 때문이다. 두 번째 이유는 자식은 부모를, 학생은 선생을, 호의적인 사람은 모두를 즐겁게 해주려고 노력하기 때문이다.

한편 이 두 가지 이유를 제외하고 호평을 중요하게 여기는 경우 이를 허영심이라고 일컫는다. 이런 경우 인간은 동료를 제물 삼아 자기 자신을 즐겁게 하려고 한다. 예컨대 자신에 대한 거짓 정보를 흘려 동료를 혼란스럽게 하거나 동료를 의도적으로 '호평'해 듣는 사람 모두의 질투심을 자극해서 곤혹스럽게 만든다.

허영심이 강한 사람들은 자신에게 관심이 많고, 자신의 욕구를 만족시키려는 열망이 크다. 그래서 타인을 현혹해 자신을 지나치게 높게 평가하게 한다. 말하자면 그릇된 판단을 하게끔 하는 것이다. 또한 타인의 권위를 의지해 결국 오류가 발생하는데, 심지어 그 오류를 믿기까지 한다.

허영심 많은 사람은 자기 자신보다 타인의 마음에 더 들고 싶어 한다. 하지만 이처럼 동료들에게 적의와 질투심을 초래하는 비우호적인 방법에 기대어 자신의 즐거움과 만족을 취하려 하기 때문에 자신의 장점이 무엇인지 제대로 알 수 없게 된다. 결국 자기 자신에게 해를 끼치는 셈이다.

그의 허영심을 공격해
자신의 우위를 채우는 법

허영심이 있는 사람을 상대할 때 상대방이 지식, 감각과 경험을 행복하게 자랑할 기회를 주어라. 그러면 우리는 그보다 우위에 서게 된다. 따라서 자신이 상대보다 더 뛰어난 인물이라는 점이 전적으로 느껴지지 않는 사람은 대개 상대에게 기회를 주어서 자신이 상대방보다 우위에 서려 한다. 즉 이런 식으로 자신의 허영심을 채우고자 한다.

상대방에게 기회를 주는 것은 겉으로 보면 상대방의 허영심을 만족스럽게 하는 것처럼 보인다. 하지만 사실은 이러한 상대방의 허영심을 공격해 자신의 우위를 채우는 것이다.

허영심이 큰 두 사람이 만나면
어떤 일이 벌어질까

허영심이 큰 두 사람이 만나면 서로 좋지 못한 인상을 받기 마련이다. 이런 이들은 상대에게 어떤 인상을 주려고만 해서 둘 다 아무런 인상도 주지 못하기 때문이다. 결국 두 사람은 자신의 노력이 실패했다는 사실을 알고 그 책임을 상대에게 떠넘긴다.

자기가 아는 이야기만
상대방에게 꺼내지 마라

모르는 사람 또는 안면이 있지만 친하지 않은 사람과 이야기할 때 숙고해 고른 생각만을 말하는 것, 자기가 아는 유명한 지인에 대해 말하는 것, 자기가 아는 중요한 체험과 여행에 관한 이야기만을 꺼내는 것!

이처럼 일부러 허영심이 있는 척하는 것은 그가 자부심이 높은 사람이 아니라는 증거이며, 적어도 그렇게 보이고 싶지 않다는 표시이다. 자부심이 높은 사람은 이런 순간에 예의의 가면을 쓰고 허영심을 과시하기 때문이다.

자신의 허영심을 위해
친구마저 이용하는 사람

어떤 사람들은 자신의 중요성을 명백히 과시하고 싶은 상대가 함께 있으면 자신의 허영심을 위해 때로는 자기 친구마저 이용한다. 또 다른 어떤 사람들은 자신이 '그 정도의 적을 상대할 만하다'고 뿌듯해하기 위해 자기 적의 가치를 과장하기도 한다.

교제하는 이가 아첨해
나의 주의력을 마비시키면

우리와 교제하는 사람들이 아첨해 우리의 주의력을 마비시키려고 한다면 이는 수면제 같은 위험한 수단을 사용하는 것이나 다름없다. 그러나 수면제에 내성이 생겨 잠들지 못하게 되면 오히려 정신이 또렷해지게 된다.

선물을 준 사람의 기대,
선물을 받은 사람의 내심

가장 훌륭한 인격을 갖춘 사람들이 잘못 생각하는 것이 있다. 훌륭한 인격을 감춘 사람들은 마침내 만난 사랑에게 자신이 지닌 것 중에 가장 귀한 것, 즉 자신만의 보석을 내어준다. 이제는 더 줄 게 아무것도 없다고 자부하면서! 그러나 받는 사람은 그것을 가장 좋은 것으로 보지 않는다. 따라서 선물을 준 사람이 기대하는 완벽한 감사의 마음이 선물을 받은 사람에게 있을 리 없다.

다른 사람의 신뢰를 얻으려면
네 몸을 아끼지 마라

예전에는 자기 자신을 믿는 것만으로도 다른 사람의 신뢰를 얻을
수 있었다. 하지만 오늘날에는 자신을 믿는 사람을 신용할 수 없
다고 여긴다.

　이제 다른 사람의 신뢰를 얻으려면 "네 몸을 아끼지 마라! 너의
의견이 신뢰의 빛을 발하기를 원하는가? 그렇다면 먼저 너의 오두
막에 불을 붙여라!"이다. (자신의 것을 희생하라는 의미임－옮긴이)

타인의 친절을 받은
기억이 있는지 없는지가 중요하다

지위가 높은 사람일수록 타인의 친절을 받은 기억을 간직해야 한다. 즉 사람들의 좋은 점들만 알아내고, 그 뒤로는 지워버리는 것이 좋다. 이렇게 함으로써 그들이 자신에게 편안하게 의존하도록 만들 수 있고, 자기 자신에게도 같은 방식으로 대할 수 있다.

궁극적으로는 타인의 친절을 받은 기억이 있는지 없는지가 자기 자신에 대한 태도를 결정한다. 또한 상대의 호의와 의도를 고상하고 자비롭게 보는지 아니면 불신하는지를 결정하며, 더 나아가 호의와 의도를 표현하는 방식 자체에 대한 태도를 결정짓는다.

상대방을 앞에 두고서
남과의 친분을 강조하지 마라

상대방을 앞에 두고서 이 자리에 없는 다른 사람과 친밀한 사이라고 의도적으로 강조하는 사람은 대개 상대방이 자신을 신뢰할지 확신이 없다. 반면에 자신이 신뢰받는다고 확신하는 사람은 다른 사람과의 친밀함을 그다지 중요시하지 않는다.

평범한 사교 모임을 한 후
꺼림칙함을 느끼는 이유

우리가 평범한 사교 모임을 한 후 꺼림칙함을 느끼는 이유가 무엇일까? 여기에는 여러 이유가 있다. 일반적으로 사교 모임에서는 사람들이 말할 때 신중하게 말을 고르지 않는다. 또 중요한 사안은 아주 가볍게 취급하면서, 정작 말해야 할 때는 침묵하고, 적당한 때에 그 자리를 떠나지도 못한다. 마치 모두가 자기 자신이 아닌 그 모임의 일원으로서 행동하게 되는 것이다.

나쁜 평판에 비하면
양심의 가책은 대처하기가 쉽다

우리가 우리 자신에 대해 알고 마음에 새기는 것은 사람들이 생각하는 것만큼 우리 인생의 행복을 그다지 크게 좌우하지는 않는다. 하지만 다른 사람이 우리에 대해 아는 것(또는 안다고 생각하는 것)이 언젠가 우리를 갑자기 덮친다면, 그때 우리는 그것이 매우 강력하다는 것을 깨닫게 될 것이다. 나쁜 평판에 비하면 양심의 가책은 대처하기가 비교적 쉽다.

확실하게 맹세하고 싶다면
말만으로는 절대 안 된다

약속할 때는 말이 아니라 그 뒤에 숨어 있는 '말하지 않은 것'을 두고 계약을 맺는 것이다. 말은 오히려 약속에 실린 힘을 약하게 만들고, 소모할 뿐이다. 따라서 확실하게 맹세하고 싶다면 서로 손을 건네고 손가락을 입에 대라.

다른 사람의 흥미를 끌려는
뻔한 연극을 펼치지 마라

어떤 사람은 자신의 판단으로 다른 사람의 흥미를 끌려고 하고, 어떤 사람은 호의를 보이거나 거부함으로써 흥미를 끌려고 한다. 또 어떤 사람은 지인들을 통해, 다른 사람은 자신이 혼자라는 걸 이용해 다른 사람들의 흥미를 끌려고 한다.

이들은 이런 연극을 펼치면서 자신이야말로 이 무대에서 유일하게 주목받는 사람이라고 생각하지만, 이는 단단히 착각한 것이다. 왜냐하면 이들의 연극을 보는 사람은 결국 자기 자신이기 때문이다.

친절을 경제적으로 행하려는 건
허무맹랑한 꿈이다

사람들을 사귈 때 가장 효과가 좋은 것은 친절 혹은 애정이고, 이는 아주 값진 가치이다. 인간은 이처럼 향기로운 수단을 되도록 경제적으로 사용하고 싶을 것이다. 그러나 이는 불가능하다. 친절을 경제적으로 행하겠다는 것은 공상가의 허무맹랑한 꿈일 뿐이다.

항상 불신하고 질투한다면
그는 시대에 뒤떨어진 인간이다

항상 불신하고, 경쟁 상대와 이웃이 뭔가 좋은 일을 해낼 때마다 질투하고, 자신과 의견이 다르면 난폭하게 굴고 화를 내는 사람은 과거의 문화가 남긴 일종의 잔재로, 과거에 속한 존재라고 할 수 있다. 왜냐하면 불편한 성격을 가진 그가 사람들과 교제하는 방식은 강한 자가 마구잡이 주먹을 휘두르듯이 자위권을 행사하던 시대의 상황에나 걸맞기 때문이다. 즉 그는 시대에 뒤떨어진 인간이다.

반면에 다른 사람과 함께 기뻐하고, 어디에서나 친구를 얻고, 성장하고 발전하는 모든 것에 깊은 애정을 느끼고, 모든 사람의 명예와 다른 사람의 성공을 자기 일처럼 기뻐하고, 오로지 진실을 깨닫기 위해 특권을 요구하지 않고, 겸허히 어떤 사안을 의심하고 불신하는 사람도 있다. 이런 사람이야말로 미래의 문화를 선도하는 앞서가는 인간이다.

전자는 인간이 처음으로 교제하던 시대의 거친 기반에서 비롯되었지만, 후자는 문화라는 토대에서 비롯되었다. 이러한 차이는 지하실에 갇혀 미쳐 날뛰며 울부짖는 야수와 가장 높은 층에 사는 고귀한 인간의 차이와도 같다.

더 열렬한 성격의 소유자가
늘 불리한 위치에 있게 된다

두 사람이 서로 싸우거나 사랑하거나 또는 감탄할 때 둘 중 누가 더 열렬한지는 쉽게 분간할 수 있다. 더 열렬한 성격의 소유자가 언제 나 더욱 불리한 위치에 있게 되기 때문이다. 두 개인뿐만 아니라 두 민족 간의 경우도 마찬가지이다.

위대한 사람이나 유명인사와의
교제를 피하는 이유

A: 그런데 왜 자네는 이런 위대한 사람들, 유명인사들과의 교제를 피하는 거야?

B: 그를 오해하고 싶지 않아서야! 그와 교제하면 서로의 오점을 알게 될 테고, 그러면 견디기 어려워질 테니까! 나는 근시안적이고 의심이 많은데 그는 가짜 다이아몬드를 진짜인 것처럼 달고 다니기를 좋아하거든.

감정을 겉으로 드러내는 걸
창피해하는 사람과의 교제

감정을 겉으로 드러내는 것을 창피하다고 여기는 사람들과 교제하려면 자신을 속이고 시침을 뚝 뗄 수 있어야 한다. 대개 이런 사람들은 자신이 어떤 온화한 감정이나 열광적이고 고조된 감정 상태에 있다는 걸 누군가 알아챈다면, 마치 자신의 비밀을 들키기라도 한 듯이 감정을 눈치 챈 자에게 적개심을 품는다. 그러니 이런 일이 발생했을 때 이들의 마음을 편안하게 하려면, 웃게 만들거나 아니면 약간 비아냥대며 냉소적인 농담을 해야 한다. 그러면 이들의 감정은 누그러지고, 다시금 자신의 감정을 제어할 수 있게 된다.

재능은 있으나 게으른 사람과의
교제에서 주의할 점

재능은 있으나 게으른 사람은 자기 친구 중 한 사람이 뛰어난 일을 해내면 약간 화가 난 듯 보인다. 이는 그가 자신의 게으름을 부끄러워하면서도 한편으로는 친구를 질투하고 있기 때문이다. 또는 이제 그 친구가 전과 달리 자신을 경멸할지도 모른다는 두려움 때문일 수도 있다. 따라서 그는 일종의 복수로써 친구의 새로운 업적을 비판하며, 뛰어난 일을 해낸 장본인은 이러한 그의 비판을 아주 불쾌하게 여기게 된다.

자신을 채우고자 하는 사람,
자신을 비우고자 하는 사람

어떤 사람은 자신이 텅 비어 있다고 느껴서 가득 채워지기를 바란다. 반면 어떤 사람은 흘러넘칠 정도여서 자신을 비우고 싶어 한다.

이 두 사람은 모두 자신에게 도움이 될 사람을 찾으려 할 것이다. 양측이 그 과정을 최고로 의미 있게 이해할 경우, 이것을 한 단어로 '사랑'이라 부른다. 왜냐고? 사랑은 이기적이지 않아야만 하니까!

자기 자신을 증오하는
사람을 가까이하지 마라

자기 자신을 증오하는 사람을 가까이하지 마라. 자칫 당신이 그런 자의 분노와 복수의 대상이 될 수 있다. 따라서 자기 자신을 증오하는 사람이 자기 자신을 사랑할 수 있게 만드는 방법이 무엇인지 생각해보라.

나와 교제를 하고 있으니
나를 잘 안다고 믿는 사람

여기 '나와 이런저런 교제를 하고 있으니 나를 잘 안다'고 믿는 사람이 있다. 또 그는 자신이 섬세하고 중요한 존재라고 생각한다. 그가 내게 호의를 품은 것은 이런 우월감을 안겨주었기 때문이므로 나는 그런 생각을 하는 그를 실망하게 하지 않으려고 조심한다. 만약 내가 그를 실망하게 하면, 그것을 보상해야 할 것이기 때문이다.

그런데 여기에 다른 사람이 있다. 그는 내가 그에 대해 알게 되면 자신의 처지가 비천해지리라 생각해서 두려워한다. 따라서 그는 나에 대한 우월감을 다시 높이기 위해 차갑고 모호하게 행동하며, 자신에 대해 알 수 없도록 나를 혼란스럽게 만들려고 한다.

친절하고 호의적인 사람들과
사상가가 어울릴 수 없는 이유

교제는 비유하자면 배를 타고 다른 사람들의 물 위로 지나가는 것이다. 그렇기에 사상에 깊이 빠져든 사람은 친절하고 예의 바르고 호의적인 이들과 어울릴 수 없다. 사상가는 깊숙이 나아가려 하는데, 이런 이들의 물 위에는 여울과 모래톱이 너무 많아서 선회하거나 방향을 바꿀 수밖에 없기 때문이다. 사상가는 계속 당황하게 될 것이고, 이들도 그럴 것이다. 하지만 이들은 사상가가 왜 당황하는지 전혀 이해하지 못할 것이다.

맛있고 영양이 풍부한 밤처럼
좋은 사람을 사귀고 싶다면

불 속에서 제때 꺼내 부드럽고 맛있고 영양이 풍부한 밤처럼 좋은
사람을 사귀고 싶다면, 이는 너무 지나친 요구사항일까? 인생에 기
대하는 게 거의 없는 사람, 인생은 당연한 게 아니라 새와 벌이 준
선물로 여기는 사람, 자부심이 너무 강해 자신에 대한 합당한 보수
는 없다고 여기는 사람, 인식과 성실함에 대한 열정이 너무 진지한
나머지 자신의 명성을 추구할 생각도 시간도 없는 사람! 우린 이런
사람을 가리켜 철학자라고 부른다. 그리고 이런 철학자들은 언제나
자신을 일컫는 더욱더 겸손한 이름을 찾아낼 것이다.

내가 그를 신뢰한다고 해서
그가 나를 믿길 요구하지 마라

내가 그를 신뢰한다고 해서 그가 나를 믿길 요구하지 마라! 어떤 사람들은 자신이 상대를 완전히 신뢰하면 상대도 자신을 신뢰해야 한다고 여긴다. 하지만 선물은 그냥 주는 것일 뿐 대가로 권리를 요구하는 것이 아니므로 논리적으로 완전히 잘못된 추론이다.

좋은 친구를 사귀는 재능은
특별한 가치가 있다

좋은 친구를 사귀는 재능은 종종 좋은 친구가 되는 재능보다 더 가치가 있다. 우정을 쌓는 데 특별한 재능을 지닌 사람은 크게 두 가지 유형으로 나눌 수 있다.

한 유형은 계속 발전하면서 단계마다 그에 걸맞은 친구를 발견하는 사람이다. 이렇게 얻은 친구들은 서로 연관성이 거의 없고, 때로는 서로 어울리지 못하거나 모순되기까지 한다. 따라서 그는 이에 걸맞게 다음 단계에서는 이전 단계의 친구들을 제거하거나 이들과의 우정을 줄여나간다. 그래서 이런 이들을 '사다리'라 부르기도 한다.

다른 유형은 다양한 성격과 재능을 지닌 사람들에게 매력을 발휘해 어떤 모임 전체를 친구로 얻는 사람이다. 그의 친구들은 서로 다른 점이 있어도 이 사람을 매개로 자기들끼리 친구 관계를 맺는다. 그래서 이런 이들을 '원'이라고 부르는데, 마치 다양한 소질과 본성을 지닌 사람들이 그에게 속하도록 미리 정해진 것처럼 보인다.

계속 친구로 남기 위해
침묵하는 법을 배우게 된다

가장 가까운 친구 사이라도 같은 사안에 대한 느낌이 얼마나 다른지, 또 각자의 의견은 얼마나 분분한지 한번 잘 생각해보라. 설령 두 사람의 의견이 같다고 하더라도 당신 친구가 어떤 관점에서 얼마나 그 의견을 지지하는지는 당신의 생각과는 굉장히 다를 것이다. 그렇기에 서로에 대한 오해와 적의를 불러일으켜 관계가 무너지는 계기가 될 수 있는 것들은 매우 다양하다. 이 사실을 곰곰이 생각해보라.

이러한 점을 깨달으면 동료들의 행위와 의견, 성향과 강점이 본질적인 차이에서 비롯된 것으로 어쩔 수도 없고 누구의 책임도 아니라는 사실을 알게 될 것이다. 이를 인정하고 나서야 각자의 의견은 그의 성격과 일, 재능과 환경처럼 서로 연결된 요소들이 한데 뒤엉켜서 빚어낸 것으로 내적 필연성을 지닌다는 것을 깨닫게 된다.

어쩌면 당신은 "친구들이여! 친구란 없다!"라는 현자의 말을 빌려 쓸쓸하고 아린 마음을 내려놓고 싶을지 모른다. 또는 이렇게 고백할 수도 있다. "친구라는 존재는 분명 있지만 날 혼란스럽게 만들고 착각하게끔 할 뿐이다."

그렇기에 그들은 계속 친구로 남기 위해 침묵하는 법을 배우게 된다. 실제로 이러한 인간관계는 대부분 몇몇 사안에 대해서는 절대 말해서도 건드려서도 안 된다는 암묵적인 합의에 기반을 두고 있으므로 작은 돌이 굴러가기 시작하면 결국 우정도 깨지고 만다. 가장 신뢰하는 친구들이 당신이 비밀로 하고 싶어 하는 부분까지 다 아는 것처럼 행동한다면 치명적인 상처를 받지 않겠는가?

누군가를 존경한다는 것,
누군가를 사랑한다는 것

누군가를 사랑한다는 것은 갈망하는 것이고, 누군가를 두려워한다는 것은 회피하는 것이다. 그렇기에 같은 시간대에 같은 사람에게 사랑과 존경을 다 받는 일은 불가능하다.

　누군가를 존경한다는 것은 곧 그 사람의 권력을 인정한다는 것이다. 즉 그 사람의 권력을 두려워한다는 의미로 외경심을 느끼는 것이라 할 수 있다. 반면 누군가를 사랑한다는 것은 어떤 권력도 인정하지 않는 것이다. 사랑은 상대와 자신을 갈라놓고 배제하고 위아래로 구분하는 것을 인정하지 않는다. 이렇듯 사랑과 존경은 같이할 수 없으므로 명예욕이 강한 사람들은 사랑받는 것을 은밀히 또는 공공연하게 거부한다.

평상시에는 친구 사이인
어떤 사람에게 성실할 것

자기 자신과 평상시에는 친구 사이인 어떤 사람에게 성실할 것. 적을 대하는 용기를 지닐 것. 패자에 대해 관대할 것. 그리고 항상 공손할 것!

 이 네 가지 주요 덕목을 지키기를 바란다.

옛 친구들이 오랜 이별 끝에
다시 재회해 만나게 되면

옛 친구들이 오랜 이별 끝에 다시 만나게 되면, 이들은 이미 관계없어진 일들을 매우 재미있게 이야기한다. 양측 모두는 이러한 사실을 느끼지만, 서글픈 회의감 때문에 감히 그 베일을 걷어 올리려고 하지 않는다. 그리하여 마치 죽은 사람처럼 아무 의미 없는 대화를 나누게 되는 것이다.

오직 부지런한 사람들과
우정을 맺는 것이 좋다

빈둥빈둥 노는 게으른 자는 친구들에게 위험한 존재이다. 왜냐하면 그런 사람은 하는 일이 없으므로 친구들이 하는 행동을 하나하나 논평하고, 마침내는 남의 일에 참견해 귀찮은 존재가 되기 때문이다. 따라서 지혜롭게 오직 부지런한 사람들과 우정을 맺는 것이 좋다.

상대를 많이 아끼고 사랑할 때
좋은 우정이 생긴다

좋은 우정은 자신보다 상대를 더 아낄 때, 그리고 자신만큼은 아니지만 마찬가지로 상대를 사랑할 때 생긴다. 타인과 쉽게 교제하려면 친밀성이라는 부드러운 색으로 칠하고, 거기에 솜털을 덧붙이는 법을 알아야 한다. 동시에 실제의 친밀성과 본래의 친밀성을 구분하고, 아울러 나와 네가 혼동되지 않도록 지혜롭게 주의해야 비로소 우정이 생긴다.

변하지 않은 내 친구와 크게
변한 내가 만나게 되면

우리가 크게 변하면, 변하지 않은 우리의 친구들은 우리의 과거를 그대로 간직한 유령이 된다. 이렇게 되면 이들의 목소리는 그림자처럼 스산하게 들린다. 마치 더 어리고, 더 경직되고, 더 미숙했던 우리 자신의 목소리를 듣는 것만 같다.

그가 나와 다르다는 사실을
이해하고 즐거워하자

타인이 나와 다르게 혹은 정반대로 살고 일하며 느낀다는 사실을
이해하고 즐거워하는 것. 이것이야말로 사랑이 아닐까? 사랑은 이
러한 다름을 지양 혹은 부정해서는 안 된다. 그래야 즐거운 마음
으로 다름을 극복할 수 있다. 한 사람의 인격에 내재된 자기애조차
그 무엇과도 뒤섞일 수 없는 이원성 혹은 다양성을 가지고 있다.

사람을 사랑하는 법은
어린 시절부터 배워야 한다

사랑하는 법과 친절을 베푸는 법은 어린 시절부터 배워야 한다. 우리가 교육과 우연을 통해 이런 감정을 연습할 기회를 얻지 못하면, 영혼이 메말라서 깊은 애정을 지닌 사람들의 섬세한 감정을 제대로 이해하지 못하게 될 것이다.

이는 증오도 마찬가지다. 제대로 증오하려면 증오를 배우고 익혀야만 한다. 그렇지 않으면 증오의 싹도 점차 말라 죽을 것이다.

모두를 차별 없이 대하는 건
오히려 인간에 대한 멸시이다

모든 사람에게 똑같이 호의를 베풀고 차별 없이 모두를 친절히 대하는 것은, 근본적인 인간애라기보다는 오히려 인간에 대한 멸시의 표현일 수도 있다.

마음속에 품은 여성상이
어머니가 남긴 유산이다

모든 사람은 자신의 어머니에게서 비롯된 여성상을 자신의 마음속에 품고 있다. 제각기 마음속에 품은 그 여성상에 따라 여성을 존경하는지 경멸하는지 또는 아예 무관심한지가 결정된다. 바로 이것이 '어머니의 유산'이다.

결혼 관계가 이어지는
내내 오직 대화만은 계속된다

결혼은 일생 동안 이어지는 대화다. 그러므로 결혼하기 전에 이렇게 자문해봐야 한다. '이 여인과 늙어서도 즐겁게 이야기를 나눌 수 있으리라 확신하는가?'

결혼에서 다른 것들은 모두 일시적이지만 대화만은 아니다. 대화는 결혼이라는 관계가 이어지는 내내 계속된다.

상대가 늙었을 때 어떤 모습일지
상상할 수 있는가

때로는 도수 높은 안경을 쓰는 것만으로도 쉽게 사랑에 빠지는 사람, 쉽게 콩깍지에 씌는 사람을 치료할 수 있다. 상대가 20년 후 늙었을 때 어떤 모습일지 상상할 수 있는 사람이라면 잘 지낼 수 있을 것이다.

두 사람 다 사랑받으려 하면
벌어지게 되는 일들

대개 두 사람이 사랑에 빠지면 하나는 사랑하는 쪽이 되고, 다른 하나는 사랑받는 쪽이 되는데 이런 관계에서는 사랑의 양이 항상 같다는 믿음이 있다. 즉 둘 중 어느 한쪽이 더 많은 사랑을 받으면 다른 쪽이 받는 사랑의 양은 그만큼 줄어든다고 생각하는 것이다.

그래서 간혹 두 사람 다 '자신이 사랑받는 쪽이어야 한다'는 허영심 때문에 상대가 자신을 사랑하게 만들려고 하기도 한다. 결혼한 이들이 종종 반은 우스꽝스럽고 반은 황당한 촌극들을 보여주는 것은 이 때문이다.

어린 시절의 비극은
평생 동안 사라지지 않는다

고귀하고 높은 가치를 추구하는 사람들이 유년 시절에 힘든 싸움을 했던 사례는 드물지 않다. 예를 들어 사고방식은 천박한데 겉치레와 가식에만 매진하는 아버지에 맞서 자기 의지를 관철하거나, 유치하고 걸핏하면 화를 내는 어머니와 끊임없이 싸우는 것이다. 이런 경험을 한 이들은 자신에게 가장 크고 위험한 적이 누구인지 깨닫게 된다. 이러한 어린 시절의 비극과 고통은 평생 동안 사라지지 않는다.

사람들과 교제할 때는 마치 그들이 그렇게 행동하는 동기를 당신이 전혀 모르는 척하면서 호의적으로 위장해야 할 때가 종종 있기 마련이다.

사적인 일을 함부로 대하는 사람들과 사귀지 말자. 그들과 사귄다면 미리 단호하게 '예의'라는 사슬을 채워야 한다. 그들과 사귈 땐 경계가 반드시 필요하다.

우리가 다른 사람에게 사랑과 호의라고 부르는 것을 느끼려면, 즉 다른 사람에게 인도적인 척을 하려면, 먼저 우리 자신을 잘 알고 솔직해질 필요가 있다.

두 사람의 생각이 서로 멀어졌다는 것을 알 수 있는 가장 뚜렷한 표시는, 서로 비꼬고 있는데 어느 쪽도 상대의 진의를 파악하지 못하는 것이다.

힘들고 우울한 인간들은 다른 사람을 힘들게 함으로써, 즉 다른 사람을 미워하거나 사랑함으로써 자신의 마음을 달랜다. 그러나 이는 잠깐의 피상적인 회피에 불과하다.

나는 어떤 결과를 얻기 위해서 폭탄처럼 터지는 사람들을 사랑하지 않는다. 그런 사람의 옆에 있다가는 갑자기 청력을 잃거나 그 이상의 것을 잃을 위험이 도사리고 있기 때문이다.

교제의 즐거움을 이끌어내는 법은 간단하다. 포기하는 마음으로 의도적으로 외롭게 지내다 보면, 사람들과 교제의 즐거움이 드문 만큼 교제의 맛을 더욱 느낄 수 있다.

누군가가 우리와 교제하고 대화할 때 억지로 관심을 끌려고 한다면 이것은 그가 우리를 사랑하지 않거나, 적어도 더는 사랑하지 않는다는 충분한 증거이다.

사람은 한 영혼이 다른 영혼에 가까이 다가가는 모습이 아닌, 서로 멀리 떨어지는 모습에서 다른 사람의 영혼과 친근감 그리고 동질성을 인식한다.

친구를 사귀려면 함께 괴로워해주는 사람이 아니라 함께 기뻐해주는 사람을 찾아야 한다.

오만불손한 행위 중에서도 "사랑받고 싶다"라고 요구하는 것만큼 오만불손한 것은 없다.

오만불손하거나 질투를 일으킬 만한 사람은 친구가 없다. 다행히 대부분의 사람은 딱히 질투할 만한 부분이 없어서 친구가 있는 것이다.

느린 속도를 사랑하는 음악가는 같은 곡을 점점 더 느리게 연주하게 될 것이다. 사랑도 느리게 연주되는 음악처럼 느리지만 멈추지는 않는다.

좋은 아버지를 두지 못했다면 스스로 좋은 아버지가 되어줄 사람을 찾아야 한다. 바로 이것이 타고난 것을 바꾸는 방법이다.

어머니들은 자기 아들의 친구들이 뛰어난 성공을 거두면 질투하곤 한다. 대개 어머니는 아들 자체보다 그의 안에 있는 '자기 자신'을 더 사랑하기 때문이다.

어떤 어머니는 행복하고 존경받는 자식이어야 자애를 보일 수 있고, 어떤 어머니는 불행한 자식이어야 자애를 보일 수 있다.

〈타임〉 선정 최고의 자기계발서

데일 카네기의 인간관계론

데일 카네기 지음 | 값 11,000원

워런 버핏, 존 F. 케네디, 버락 오바마 등 세계적 리더들에게 많은 영감과 도움을 준 이 책은 '시대를 초월한 인간관계 지침서'로 평가받는 위대한 책이다. 그 이유는 인간의 본성을 꿰뚫는 예리한 통찰로 인간관계를 유지하는 데 실질적인 해답을 주기 때문이다. 메이트북스는 생소하고 시대에 맞지 않는 내용을 편역하면서 가독성을 높였다. 이 편역서는 독자들에게 주옥같은 내용을 다시금 되새겨볼 수 있고, 카네기의 철학을 만끽할 수 있는 기회를 제공할 것이다.

살아갈 힘을 주는 쇼펜하우어 아포리즘

쇼펜하우어의 인생 수업

아르투어 쇼펜하우어 지음 | 14,900원

행복과 인생의 본질, 인간관계의 본질, 학문과 책의 본질 등 인생 전반에 대한 쇼펜하우어의 직설적인 조언을 담은 인생 지침서다. 쇼펜하우어는 이 책에서 인생은 고통 그 자체지만 이 고통이 살아갈 힘을 준다고, 부는 행복에 큰 영향을 끼치지 않는다고, 남에게 평가받기 위해 인생을 낭비하지 말라고, 불행은 혼자 있을 수 없는 데서 생기기에 인간은 고독해야 한다고 전한다.

사람의 마음을 움직이는 38가지 설득 요령

쇼펜하우어의 내 생각이 맞다고 설득하는 기술

아르투어 쇼펜하우어 지음 | 값 13,500원

이 책은 대화하는 사람들의 내면에 잠재된 인간 본성을 들춰냄으로써 인간의 오류를 예리하게 지적한다. 나아가 논리학에서 다루는 쟁점 사항인 객관적인 진리에 도달하기 위해, 궁극적으로 상대로부터 몰아치는 공격에서 허위와 기만의 낌새를 포착하고 그것에 적절히 대처할 수 있어야 한다고 당부한다. 이 책은 그러한 위험 신호를 감지하는 민첩성과 예민함을 길러주는 훌륭한 지침서가 되어줄 것이다.

인간에 대한 위대한 통찰

몽테뉴의 수상록

미셸 몽테뉴 지음 | 값 12,000원

가볍지도 과하지도 않은 무게감으로 몽테뉴는 세상사의 다양한 주제들에 대해 본인의 견해를 자신 있고 담담하게 풀어낸다. 이 책을 읽으며 나의 판단이 바른지, 내가 지금 제대로 살고 있는지, 앞으로 어떻게 살아야 하는지 등을 수없이 자문해보자. 원초적인 동시에 삶의 골자가 되는 사유를 함으로써 의식을 환기하고 스스로를 성찰하며 인생의 전반에 대해 배우는 계기가 될 것이다.

자기를 온전히 믿고 살아가라

에머슨의 자기 신뢰

랠프 월도 에머슨 지음 | 값 12,000원

이 책은 인간이 자기 신뢰를 기초로 행동함으로써 더 나은 성취를 이룰 수 있다는 깊은 통찰이 담긴 에세이다. 에머슨은 '자신을 믿는 사람은 세계에서 가장 강한 사람'이라고 말한다. 자기 신뢰를 실천하면 내 안에 잠들어 있던 놀라운 힘을 발견하게 된다는 것이다. 이 책을 읽는 독자는 자신을 믿고 자신의 능력에 자부심을 가짐으로써 더 큰 성공을 얻고 만족스러운 삶을 살아갈 수 있을 것이다.

자신과 마주하고 지혜롭게 살아가기

아우렐리우스의 명상록

마르쿠스 아우렐리우스 지음 | 값 11,000원

마르쿠스 아우렐리우스는 로마제국을 20년 넘게 다스렸던 16대 황제다. 그는 로마에 있을 때나 게르만족을 치기 위해 진영에 나가 있을 때 스스로를 반성하고 성찰하는 내용을 그리스어로 꾸준히 기록했다. 그 결과물이 바로『명상록』이다. 마음가짐을 어떻게 가져야 하는지, 삶과 죽음에 대한 바람직한 태도는 무엇인지, 변하지 않는 세상의 본질은 무엇인지 등을 들려주고 있어 곱씹고 음미하면서 책장을 넘기게 될 것이다.

우리는 어떻게 살아야 하는가

발타자르 그라시안의 인생 수업

발타자르 그라시안 지음 | 15,000원

이 책은 스페인의 대철학자 발타자르 그라시안의 인생에 대한 뛰어난 통찰력과 인간관계의 본질에 대한 직설적인 조언을 담은 인생지침서다. 발타자르 그라시안은 좋은 사람인 척 살아가기보다는 세상의 본질을 알고 지혜를 갖출 때 내 삶은 행복해진다는 메시지를 전하고 있다. 이 책에서 만날 수 있는 현명하고 솔직한 직언으로 자기 자신의 모습을 되돌아보며 삶을 살아갈 힘을 얻어보자.

살아갈 힘을 주는 세네카 아포리즘

세네카의 인생 수업

루키우스 안나이우스 세네카 지음 | 값 14,500원

세네카가 남긴 12편의 에세이 중 대중들에게 가장 널리 알려진 6편의 에세이를 한 권으로 엮어 펴낸 책이다. 편역서의 특성상 현대의 독자들이 이해하기 힘들거나 시대적·역사적·문화적으로 거리가 먼 내용들은 과감히 삭제하고, 현대인들이 실질적으로 자신들의 삶에 적용할 수 있을 만한 핵심 내용만을 추려 간결하고 압축된 형식으로 소개한다.

■ 독자 여러분의 소중한 원고를 기다립니다

메이트북스는 독자 여러분의 소중한 원고를 기다리고 있습니다. 집필을 끝냈거나 집필중인 원고가 있으신 분은 khg0109@hanmail.net으로 원고의 간단한 기획의도와 개요, 연락처 등과 함께 보내주시면 최대한 빨리 검토한 후에 연락드리겠습니다. 머뭇거리지 마시고 언제라도 메이트북스의 문을 두드리시면 반갑게 맞이하겠습니다.

■ 메이트북스 SNS는 보물창고입니다

메이트북스 홈페이지 www.matebooks.co.kr

책에 대한 칼럼 및 신간정보, 베스트셀러 및 스테디셀러 정보뿐만 아니라 저자의 인터뷰 및 책 소개 동영상을 보실 수 있습니다.

메이트북스 유튜브 bit.ly/2qXrcUb

활발하게 업로드되는 저자의 인터뷰, 책 소개 동영상을 통해 책에서는 접할 수 없었던 입체적인 정보들을 경험하실 수 있습니다.

메이트북스 블로그 blog.naver.com/1n1media

1분 전문가 칼럼, 화제의 책, 화제의 동영상 등 독자 여러분을 위해 다양한 콘텐츠를 매일 올리고 있습니다.

메이트북스 네이버 포스트 post.naver.com/1n1media

도서 내용을 재구성해 만든 블로그형, 카드뉴스형 포스트를 통해 유익하고 통찰력 있는 정보들을 경험하실 수 있습니다.

STEP 1. 네이버 검색창 옆의 카메라 모양 아이콘을 누르세요. STEP 2. 스마트렌즈를 통해 각 QR코드를 스캔하시면 됩니다. STEP 3. 팝업창을 누르시면 메이트북스의 SNS가 나옵니다.